Punkte Mix Fix zum Abnehmen

Express-Rezepte zum schlank werden mit dem Thermomix. Alltagsgerichte in Rekordzeit zubereiten!

Nadja Franke

Dieses Werk einschließlich aller Inhalte ist urheberrechtlich geschützt.

Nachdruck oder Reproduktion (auch auszugsweise) in irgendeiner
Form ist ohne ausdrückliche schriftliche Genehmigung des Verlages untersagt.

Alle Inhalte wurden unter größter Sorgfalt erarbeitet.
Der Verlag und der Autor übernehmen jedoch keine Gewähr für die Aktualität,
Korrektheit, Vollständigkeit und Qualität der bereitgestellten Informationen.

Inhaltsverzeichnis

Idee 1

Hauptspeisen 3

    Thunfisch-Wraps 3

    Quinoa-Risotto 4

    Gemüse-Risotto 5

    Nudeln mit Brokkoli und Datteltomaten 6

    Kartoffelpuffer 7

    Zucchini-Spaghetti 8

    Zucchini-Nudeln 9

    Sommer-Spaghetti 10

    Tortellini-Auflauf 11

    Fettuccine alla puttanesca 12

    Lachsfilet mit Bandnudeln und Brokkoli 13

    Bulgur-Spinat 14

    Hähnchenbrust mit Brokkoli 15

    Mediterranes Gemüse mit Schafskäse 16

    Curry-Ananas-Hähnchen 17

    Chili-Pute 18

    Erdnuss –Sushi 19

    Kokosreis mit Mango 20

    Mangold-Paprika-Risotto 21

    Spinat mit Mandelmilch und Nuss 22

    Hähnchen Süßsauer mit Gemüse und Reis 23

    Senfeier mit Kresse 24

Frühstück 25

    Chia-Fitness-Frühstück 25

Fitness-Porridge 26

Apfelkompott mit Mandeln 27

Himbeer- & Bananen-Quarkspeise 28

Cremiger Quark 29

Schokoporridge 30

Superfood-Müsli 31

Frühstück im Glas 32

Leichter Fruchtjoghurt 33

Eier im Glas aus dem Varoma 34

Schnelles Birchermüsli 35

Notella 36

Acai-Smoothie-Bowl 37

Suppen 39

Melone-Gurken-Suppe 39

Gemüsesuppe 40

Kichererbsen-Suppe 41

Kürbissuppe 42

Blumenkohl-Cremesuppe 43

Tomatensuppe 44

Brokkoli-Cremesuppe 45

Kartoffel-Möhren-Suppe 46

Salate 47

Chinesischer Nudelsalat 47

Möhren-Salat 48

Brokkoli-Rohkost-Salat 49

Kohlrabisalat 50

Spargel-Nudelsalat 51

Caesar Salad 52

Salatmix mit Hähnchenbrust 54

Couscous-Kräuter-Salat 56

Apfelsalat mit Datteln 57

Inhaltsverzeichnis

Shakes 59

    Frühstücksshake 59

    Bananen-Haferflocken-Shake 60

    Brombeer-Buttermilch-Shake 61

    Erdbeershake 62

    Papaya-Grünkohl-Smoothie 63

    Buttermilch-Radieschen-Shake 64

    Rote-Beete-Ananas-Smoothie 65

    Blaubeershake 66

    Mangosmoothie 67

    Matcha-Heidelbeer-Shake 68

    Grünkohl-Avocado-Smoothie 69

    Strawberry-Cheesecake-Smoothie 70

    Waldbeersmoothie 71

Dips 73

    Avocado-Hummus 73

    Brokkomole – Guacamole aus Brokkoli 74

    Weiße-Bohnen-Dip 75

    Zucchini-Aufstrich 76

    Veganer Pesto-Aufstrich 77

    Grober Senf 78

    Nussbutter aus Nüssen nach Wahl 79

Nachspeisen 81

    Grießbrei 81

    Wassermeloneneis 82

    Panna cotta mit Beeren 83

    Schokoladeneis ohne Zucker 84

    Erdbeer-Bananen-Eis 85

    Fruchteis 86

    Himbeer-Kokos-Eis 87

    Anis-Birnen 88

Idee

Das Kochen geht nun mit dem Thermomix einfacher und schneller, trotzdem bleibt im Alltag oft nicht viel Zeit für das aufwendige Zubereiten von Mahlzeiten. Denn auch mit dem Thermomix dauert es noch lange, ein kompliziertes Rezept nachzukochen.

Seit vielen Jahren koche ich nun fast täglich gesunde Gerichte mit dem Thermomix – auch wenn es mal wieder hektisch ist und wenig Zeit für das Kochen bleibt. Daher muss es fix gehen!

In diesem Buch habe ich Rezepte zusammengestellt, welche:

Fix zuzubereiten sind: Zubereitungszeit teilweise nur 5 Minuten!

Gesund sind: Ein Minimum an Fertigprodukten, wenig Fett und wenig Zucker!

Zum Abnehmen geeignet sind: Nährwertangaben in jedem Rezept!

Ideal für den Alltag sind: Vor allem Hauptgerichte, aber auch Salate, Frühstücksgerichte, Suppen und Shakes.

Einfach beschrieben sind: Simple und eindeutige Rezeptbeschreibungen.

Lecker sind: Meiner Familie und meinen Kindern schmecken diese Gerichte wunderbar!

Viel Spaß beim Mixen!

Nadja Franke

Hauptspeisen

Thunfisch-Wraps

Portionen

- 2 Portionen

Zutaten

- 2 Pitabrote
- 2 Frühlingszwiebeln
- 40 g Rucola
- 50 g Frischkäse
- 1 Dose Thunfisch

Zubereitung

- Frühlingszwiebeln 5 Sekunden / Stufe 5 zerkleinern und mit dem Spatel nach unten schieben.
- Rucola dazugeben und 5 Sekunden / Stufe 4 zerkleinern, mit dem Spatel nach unten schieben.
- Frischkäse und Thunfisch dazugeben.
- 30 Sekunden / Linkslauf / Stufe 2 mischen.
- Auf die Wraps streichen und einrollen.

Nährwerte Pro Portion

- 175 kcal
- 26 g Kohlenhydrate
- 3 g Fett
- 10 g Protein
- 5 Punkte

Zubereitungszeit

- 10 Minuten

Quinoa-Risotto

Portionen

- 4 Portionen

Zutaten

- 40 g Parmesan
- 1 Zwiebel
- 30 g Olivenöl
- 250 g rote Paprika
- 150 g Möhren
- 170 g Hirse
- 80 g Quinoa
- 150 g Weißwein
- 700 g Wasser
- 2 Würfel Gemüsebrühe
- 1 geh. TL Salz
- ½ TL Pfeffer
- 180 g grüne Erbsen
- 150 g Mais

Zubereitung

- Parmesan in den Mixtopf geben, 10 Sekunden / Stufe 10 zerkleinern und umfüllen.
- Zwiebel in den Mixtopf geben, 3 Sekunden / Stufe 5 zerkleinern und mit dem Spatel nach unten schieben.
- Olivenöl dazugeben und 3 Minuten / Varoma / Stufe 1 dünsten.
- Paprika und Möhren dazugeben, 4 Sekunden / Stufe 5 zerkleinern.
- Hirse und Quinoa dazugeben und 3 Minuten / 100 °C / Linkslauf / Stufe 1 anschwitzen.
- Weißwein, Wasser, Gemüsepaste, Salz und Pfeffer in den Mixtopf dazugeben.
- Erbsen und Mais in den Varoma geben, Varoma aufsetzen.
- 22 Minuten / 100 °C / Linkslauf / Sanftrührstufe garen.
- Quinoa-Risotto in einen großen Behälter umfüllen, Mais, Erbsen und Parmesan unterheben.

Nährwerte Pro Portion

- 435 kcal
- 64 g Kohlenhydrate
- 12 g Fett
- 13 g Protein
- 11 Punkte

Zubereitungszeit

- 30 Minuten

Gemüse-Risotto

Portionen
- 4 Portionen

Zutaten

- 50 g Parmesan, in Stücken
- 1 Zwiebel, halbiert
- 2 EL Olivenöl
- 150 g Weißwein, trocken
- 250 g Risottoreis
- 4 TL gekörnte Gemüsebrühe
- 700 g Wasser
- 300 g Möhren, in Scheiben
- 300 g bunte Paprika, in Streifen
- 400 g Zucchini, in Scheiben
- ½ TL Salz
- ½ TL Pfeffer
- 1 geh. TL Oregano, getrocknet
- 1 geh. TL Basilikum, getrocknet
- 125 g Rucola
- 2 Tomaten, in Scheiben

Zubereitung

- Parmesan in den Mixtopf geben und verschließen, Messbecher aufsetzen.
- Käse 20 Sekunden / Stufe 10 reiben.
- Käse in ein kleines Schälchen füllen und zur Seite stellen.
- Halbierte Zwiebel in den Mixtopf geben, Messbecher aufsetzen und 5 Sekunden / Stufe 7 zerkleinern, mit dem Spatel nach unten schieben.
- Das Olivenöl hinzugeben und alles bei geschlossenem Mixtopf 3 Minuten / 100 °C / Stufe 1 andünsten.
- Risottoreis dazugeben, Mixtopf mit dem Messbecher verschließen.
- 2 Minuten / 100 °C / Linkslauf andünsten.
- Im Anschluss den Weißwein hinzugeben und weitere 2 Minuten / 100 °C / Linkslauf andünsten.
- Kleingeschnittene Paprika, Möhren und Zucchini, Gemüsebrühe, das aufgekochte Wasser und die Gewürze (Salz, Pfeffer, Paprikapulver, Oregano und Basilikum) in den Mixtopf füllen.
- Topfdeckel aufsetzen und 20 Minuten / 90 °C / Linkslauf / Sanftrührstufe kochen, dabei den Messbecher offenlassen.
- Topfdeckel öffnen und den Parmesan mit Hilfe des Spatels unter das fertige Risotto heben.
- Das Risotto einige Minuten im Topf ruhen lassen.
- Das Gemüse-Risotto mit Hilfe des Spatels auf 4 Teller verteilen. Den Rucola nach Belieben unterheben oder das Risotto mit ihm und den Tomatenscheiben garnieren.

Nährwerte Pro Portion

- 450 kcal
- 50 g Kohlenhydrate
- 8,5 g Fett
- 7,5 g Protein
- 11 Punkte

Zubereitungszeit

- 40 Minuten

Nudeln mit Brokkoli und Datteltomaten

Portionen

- 1 Portion

Zutaten

- 100 g Nudeln (Penne)
- 150 g Brokkoli
- 100 g Datteltomaten
- 1 Schalotte, halbiert
- 1 TL Olivenöl
- 1 Knoblauchzehe
- 100 g Tomaten
- 1 TL Tomatenmark
- 20 g Käse
- Salz, Pfeffer und Zucker zum Abschmecken

Zubereitung

- Käse in den Mixtopf geben, 4 Sekunden / Stufe 8 zerkleinern und umfüllen.
- 1000 g Wasser und 1 TL Salz in den Mixtopf geben.
- Brokkoli in den Varoma geben und 12 Minuten / Stufe 1 garen.
- Nudeln durch die Deckelöffnung in den Mixtopf geben.
- Varoma wieder aufsetzen und Nudeln gemäß Packungsangabe auf Varoma / Linkslauf / Stufe 1 garen.
- Varoma zur Seite stellen, Nudeln in den Gareinsatz abgießen.
- Datteltomaten vierteln.

Soße

- Olivenöl, Schalotte, Tomaten, Tomatenmark und Knoblauch in den Mixtopf geben.
- 5 Sekunden / Stufe 5 zerkleinern.
- 5 Minuten / 120 °C / Stufe 1 dünsten.
- Mit Salz, Pfeffer und Zucker abschmecken.
- Nudeln, Brokkoli und die geviertelten Datteltomaten auf den Teller geben.
- Mit der Soße servieren und den Käse darüber streuen.

Nährwerte Pro Portion

- 421 kcal
- 69 g Kohlenhydrate
- 6 g Fett
- 20 g Protein
- 13 Punkte

Zubereitungszeit

- 25 Minuten

Kartoffelpuffer

Portionen

- 4 Portionen

Zutaten

- 450 g Kartoffeln, geschält
- 125 g Magerquark
- 1 Ei
- 10 g Haferflocken
- 10 g Speisestärke
- ½ TL Salz
- ½ TL Pfeffer
- Neutrales Speiseöl zum Ausbacken
- Apfelmus oder Kräuterquark

Zubereitung

- Alle Zutaten außer dem Quark im Mixtopf 10 Sekunden / Stufe 5 mit Rührlöffel mixen.
- Quark hinzufügen und 5 Sekunden / Stufe 5 mixen.
- In der Pfanne kleine Puffer ausbacken, auf Küchenpapier entfetten.
- Mit Apfelmus oder Kräuterquark servieren.

Nährwerte Pro Portion

- 133 kcal
- 19 g Kohlenhydrate
- 2 g Fett
- 9 g Protein
- 4 Punkte

Zubereitungszeit

- 10 Minuten

Zucchini-Spaghetti

Portionen

- 3 Portionen

Zutaten

- 270 g Vollkornnudeln
- 450 g Zucchini
- 50 g Zwiebeln
- 1 Knoblauchzehe
- 10 g Tomatenmark
- 5 g Olivenöl
- 600 g Tomaten
- 175 g Quorn
- Salz und Pfeffer nach Geschmack
- 15 g Basilikum

Zubereitung

- Im Mixtopf 500 g Wasser und eine Prise Salz zum Kochen bringen: 100 °C / Stufe 1.
- Vollkornnudeln nach Packungsanleitung bei 100 °C / Linkslauf / Stufe 1 bissfest garen.
- Zucchini längs halbieren und in Streifen schneiden, damit eine Nudelform entsteht.
- Zwiebel und Knoblauch in den Mixtopf geben und 5 Sekunden / Stufe 5 zerkleinern.
- Tomatenmark, Quorn und Olivenöl dazugeben und 3 Minuten / 100 °C / Linkslauf / Stufe 1 anbraten.
- Mit den Tomaten und eventuell etwas Wasser ablöschen.
- Mit den Gewürzen und Salz würzen, dann 20 Minuten / 100 °C / Linkslauf / Stufe 2 einkochen lassen.
- Zucchini und Basilikum dazugeben und weitere 4 Minuten / 90 °C / Linkslauf / Stufe 2 erhitzen.

Nährwerte Pro Portion

- 340 kcal
- 57 g Kohlenhydrate
- 4 g Fett
- 18 g Protein
- 9 Punkte

Zubereitungszeit

- 35 Minuten

Zucchini-Nudeln

Portionen
- 1 Portion

Zutaten
- 300 g Zucchini, für die Nudeln
- 300 g Zucchini, für die Soße
- Zitronenabrieb (1 Zitrone)
- Zitronensaft (1 Zitrone)
- 30 g Nussmus
- 20 g Kräuter
- 30 g Wasser
- Salz und Pfeffer nach Geschmack
- 1 Knoblauchzehe
- Hefeflocken nach Geschmack

Zubereitung

Nudeln
- Zucchini in Nudeln schneiden und in eine große Schüssel umfüllen.

Soße
- Zucchini in grobe Stücke schneiden und in den Mixtopf geben.
- Dazu den Abrieb und den Saft einer Zitrone, Nussmus, Kräuter, Wasser, Knoblauch und Gewürze geben.
- 1 Minute / Stufe 10 zerkleinern, danach den Vorgang wiederholen und zwischendurch alles mit den Spatel nach unten schieben.
- Abschmecken und nachwürzen, dann die Soße zu den Nudeln in die große Schüssel geben und ein paar Hefeflocken darüber streuen.

Nährwerte Pro Portion
- 522 kcal
- 64 g Kohlenhydrate
- 18 g Fett
- 23 g Protein
- 11 Punkte

Zubereitungszeit
- 15 Minuten

Sommer-Spaghetti

Portionen
- 8 Portionen

Zutaten

- 500 g Spaghetti
- 2 Knoblauchzehen
- 1 Zwiebel
- 1 gelbe Paprika
- 300 g Zucchini
- 1 EL Olivenöl
- 1 TL Salz
- ½ TL Pfeffer
- 1 TL gekörnte Brühe
- 8 Cocktailtomaten, geviertelt
- 150 g Wiener Würstchen, geschnitten
- 100 g Crème fraîche
- 2 Zweige Oregano

Zubereitung

- Während die Spaghetti kochen, Knoblauch und Zwiebel 5 Sekunden / Stufe 6 im Mixtopf kleinhacken.
- Dann die Paprika und Zucchini dazugeben, 4 Sekunden / Stufe 5 hacken und Öl, Brühe, Salz und Pfeffer hinzufügen, um alles 3 Minuten / Varoma / Linkslauf / Stufe 1 zu kochen.
- Nun 12 der Tomatenstücke beiseitelegen.
- Die übrigen Tomaten, Würstchen und Crème fraîche dazugeben, um diese 2 Minuten / 100 °C / Linkslauf / Stufe 1 köcheln zu lassen.
- Zum Schluss Spaghetti mit Soße servieren und mit Oregano sowie den Tomatenstücken garnieren.

Nährwerte Pro Portion

- 339 kcal
- 48 g Kohlenhydrate
- 10 g Fett
- 12 g Protein
- 10 Punkte

Zubereitungszeit

- 30 Minuten

Tortellini-Auflauf

Portionen

- 8 Portionen

Zutaten

- 1000 g Tortellini (aus der Kühltheke)
- 3 Tomaten, in kleine Würfel geschnitten
- 150 g Käse, in groben Stücken (z. B. Gouda, Emmentaler)

Soße

- 1 Knoblauchzehe
- 500 g passierte Tomaten
- 1 Becher Sahne (200–250 g)
- 1 TL Gewürzpaste für Gemüsebrühe (selbstgemacht)
- 1 TL Salz
- ½ TL Pfeffer
- 1 TL italienische Kräuter

Zubereitung

- Zunächst den Ofen auf 180 °C Umluft vorheizen und die Tomaten auf den Tortellini in einer Auflaufform verteilen.
- Nun den Mixtopf verwenden, um den Käse 8 Sekunden / Stufe 5 zu zerkleinern.
- Den Käse in ein anderes Gefäß füllen, um den Knoblauch 5 Sekunden / Stufe 5 zu hacken und danach die restlichen Zutaten für die Soße 30 Sekunden / Stufe 5 unterzurühren.
- Zum Schluss die Soße über die Auflaufform geben und mit Käse bestreut 30 Minuten lang im Ofen backen lassen.

Nährwerte Pro Portion

- 572 kcal
- 93 g Kohlenhydrate
- 11 g Fett
- 22 g Protein
- 13 Punkte

Zubereitungszeit

- 40 Minuten

Fettuccine alla puttanesca

Portionen

- 2 Portionen

Zutaten

- 1 Zwiebel, halbiert
- 1 Knoblauchzehe
- 1 rote Chilischote, halbiert
- 20 g natives Olivenöl extra
- 3 Sardellenfilets
- 4 TL Kapern
- 15 kleine schwarze Oliven, entsteint
- 400 g passierte Tomaten
- 100 g Wasser
- ½ TL Gemüse-Gewürzpaste
- 1 TL Salz
- 1 Prise schwarzer Pfeffer, frisch gemahlen
- 250 g Fettuccine
- Parmesan zum Garnieren

Zubereitung

- Zuerst den Mixtopf verwenden, um Zwiebel, Knoblauch und Chili 5 Sekunden / Stufe 5 zu hacken.
- Nach unten schieben und nach Zugabe des Öls 3 Minuten / 120 °C oder Varoma / Stufe 1 garen.
- Danach Kapern und Oliven dazugeben und 2 Minuten / 100 °C / Stufe 1 kochen.
- Alles nach unten schieben, erneut 5 Sekunden / Stufe 5 mixen, die restlichen Zutaten außer den Nudeln hinzugeben und 6 Minuten / 100 °C / Stufe 2 kochen.
- Nun die Nudeln durch die Mixtopföffnung langsam dazugeben, während alles 12 Minuten / 90 °C / Linkslauf / Stufe 1 gart. Nach der Zugabe der Nudeln den Messbecher erneut aufsetzen.
- Die Nudeln je nach Wunsch mit Parmesan garnieren.

Nährwerte Pro Portion

- 712 kcal
- 98 g Kohlenhydrate
- 26 Fett
- 25 g Protein
- 12 Punkte

Zubereitungszeit

- 30 Minuten

Lachsfilet mit Bandnudeln und Brokkoli

Portionen

- 4 Portionen

Zutaten

- 500 g Lachsfilet, 4 Stück à 125 g
- 1 Prise Pfeffer
- 1 Prise Salz
- 4 Scheiben Zitrone
- 400 g Brokkoli
- 280 g Bandnudeln
- 1500 g Wasser
- 2 gestr. TL Salz, für das Kochwasser
- 40 g Butter
- 40 g Mehl
- 1 Würfel Gemüsebrühe
- 20 g Zitronensaft
- 40 g Schnittlauch

Zubereitung

- Den Einlegeboden mit Backpapier auslegen und das Backpapier befeuchten.
- Lachsstücke auflegen, pfeffern, salzen und mit Zitronenscheiben belegen.
- Brokkoli in den Varoma-Behälter füllen.
- Wasser in den Mixtopf füllen, Salz hinzufügen, Bandnudeln in den Gareinsatz geben.
- Mixtopf schließen und Varoma aufsetzen.
- 20 Minuten / Varoma / Stufe 1 garen.
- Mehl und Butter für die Soße in einem kleinen Becher abwiegen und beiseitestellen.
- Lachs, Brokkoli und Bandnudeln für die Zeit der Soßenzubereitung warm stellen, Mixtopf leeren und dabei 400 g der Garflüssigkeit in einem Extrabehälter auffangen.
- Butter und Mehl in den Mixtopf geben, Messbecher einsetzen und 3 Minuten / 100 °C / Stufe 1 erhitzen.
- Schmetterling aufsetzen.
- Die restlichen Zutaten sowie die aufgefangene Garflüssigkeit in den Mixtopf geben und 5 Minuten / 90 °C / Stufe 1 garen.

Nährwerte Pro Portion

- 550 kcal
- 53 g Kohlenhydrate
- 16 g Fett
- 33 g Protein
- 12 Punkte

Zubereitungszeit

- 35 Minuten

Bulgur-Spinat

Portionen

- 2 Portionen

Zutaten

- 90 g Bulgur
- 200 g Zucchini
- 150 g Spinat
- 30 g Feta
- 20 g Zwiebel
- ½ Knoblauchzehe
- 5 g Öl
- 5 g Tomatenmark
- 1 gestr. TL gekörnte Gemüsebrühe
- 300 g Wasser
- Zitronensaft nach Geschmack

Zubereitung

- Zucchini halbieren und in Streifen schneiden.
- Zwiebel und Knoblauch in den Mixtopf geben und 5 Sekunden / Stufe 5 zerkleinern.
- Öl und Tomatenmark dazugeben und 2½ Minuten / 100 °C / Stufe 2 anbraten.
- Bulgur dazugeben und 2 Minuten / Varoma / Linkslauf / Stufe 2 garen.
- Wasser und Gemüsebrühe hinzufügen und 8 Minuten / 100 °C / Linkslauf / Stufe 2 garen.
- Spinat und Zucchini dazugeben und 3 Minuten / 100 °C / Linkslauf / Stufe 2 garen.
- Feta in den Mixtopf geben und 2 Minuten / 90 °C / Linkslauf / Stufe 3 unterrühren und schmelzen lassen.
- Mit Zitronensaft abschmecken.

Nährwerte Pro Portion

- 300 kcal
- 43 g Kohlenhydrate
- 8 g Fett
- 11 g Protein
- 6 Punkte

Zubereitungszeit

- 25 Minuten

Hähnchenbrust mit Brokkoli

Portionen

- 4 Portionen

Zutaten

- 4 Hähnchenbrustfilets
- 200 g Reis
- 400 g Brokkoli, in Röschen
- ½ rote Paprika, in Stücken
- 1000 g Wasser
- 2 TL gekörnte Brühe
- Salz, Kräutersalz und Pfeffer nach Geschmack
- ½ TL Öl
- 2 Schmelzkäseecken
- 20 g Schmand
- 20 g Tomatenmark

Zubereitung

- Hähnchenbrustfilets mit Salz und Pfeffer würzen und mit Öl einreiben.
- Backpapier anfeuchten und den Varoma-Einlegeboden damit bedecken, dabei die oberen Schlitze frei lassen.
- Hähnchenbrustfilets auf das Backpapier legen.
- Brokkoliröschen in den Varoma geben, die Paprikastücke darüber streuen und mit Kräutersalz würzen.
- Wasser in den Mixtopf füllen, Garkorb einhängen und Reis einwiegen.
- Brühe dazugeben und unter den Reis rühren.
- Mixtopf verschließen und Varoma aufsetzen, 20 Minuten / Varoma / Stufe 1 garen.
- Varoma und Garkorb warm stellen und aus der restlichen Garflüssigkeit (400 g) die Soße herstellen.
- Dafür die restlichen Zutaten für die Soße dazugeben.
- Mixtopf verschließen, Messbecher aufsetzen und ca. 4 Minuten / 100 °C / Stufe 3 kochen.

Nährwerte Pro Portion

- 375 kcal
- 25 g Kohlenhydrate
- 7 g Fett
- 17 g Protein
- 7 Punkte

Zubereitungszeit

- 35 Minuten

Mediterranes Gemüse mit Schafskäse

Portionen

- 1 Portion

Zutaten

- 200 g Feta
- 1 rote Paprika
- 1 kleine Zucchini
- 8 Cocktailtomaten
- 125 g Champignons (frisch)
- 1 kleine Zwiebel
- 1 EL Olivenöl
- Salz und Pfeffer nach Geschmack
- Griechische Kräuter nach Geschmack

Zubereitung

- Feta und das Gemüse in mundgerechte Stücke schneiden und in eine große Schüssel geben.
- Olivenöl dazugeben und gut durchmischen.
- Mit Salz, Pfeffer und Kräutern würzen und erneut durchmischen.
- 500 ml Wasser in den Mixtopf geben, Deckel schließen und Varoma aufsetzen.
- Gemüse im Varoma verteilen, dazu auch den Einlegeboden nutzen.
- 20 Minuten / Varoma / Stufe 1 garen.

Nährwerte Pro Portion

- 537 kcal
- 25 g Kohlenhydrate
- 23 g Fett
- 47 g Protein
- 13 Punkte

Zubereitungszeit

- 25 Minuten

Curry-Ananas-Hähnchen

Portionen
- 4 Portionen

Zutaten

- 3 Stück Hähnchenbrust, ganz
- 1 geh. TL Hähnchengewürz
- 20 g Sojasoße
- 1 Zwiebel
- 70 g Lauch, in groben Stücken
- 130 g rote Paprika, geviertelt
- 750 g Gemüsebrühe, nach Belieben abgeschmeckt
- 250 g Reis (Garzeit 15–20 Minuten)
- 1 Dose Ananas (Abtropfgewicht 340 g), in Stücken
- 50 g Ananassaft, aus der Dose
- 2 TL Curry
- 1 TL Zucker
- ½ TL Paprika, edelsüß
- 1 Prise Pfeffer
- 20 g Butter
- 20 g Mehl
- 50 g Sahne

Zubereitung

- Hähnchenbrust mit Hähnchengewürz und Sojasoße würzen und in den Varoma legen.
- Zwiebel, Paprika und Lauch in den Mixtopf geben und 6 Sekunden / Stufe 5 zerkleinern.
- Das Gemüse 5 Minuten / Varoma / Stufe 1 dünsten.
- Gemüsebrühe und Ananassaft dazugeben.
- Reis in den Gareinsatz einwiegen und mit Curry würzen.
- Deckel aufsetzen und den Reis kurz bei Stufe 3 wässern.
- Varoma mit der Hähnchenbrust aufsetzen, Ananasstücke im Varoma-Einlageboden verteilen.
- 25 Minuten / Varoma / Stufe 1 garen.
- Den Reis sowie den Varoma mit Hähnchen und Ananas beiseitestellen.
- Brühe umfüllen.
- Mehl und Butter in den Mixtopf geben und 2 Minuten / 100 °C / Stufe 1 eine Mehlschwitze köcheln.
- Ca. 500 g der Garflüssigkeit mit Gemüse wieder hinzugeben.
- Alles 20 Sekunden / Stufe 8 pürieren.
- Sahne, Paprikapulver und Pfeffer dazugeben und nochmal 2 Minuten / 100 °C / Stufe 2 erwärmen.
- Fleisch und Ananas in die Soße geben, abschmecken und servieren.

Nährwerte Pro Portion

- 332 kcal
- 24 g Kohlenhydrate
- 6 g Fett
- 16 g Protein
- 6 Punkte

Zubereitungszeit

- 40 Minuten

Chili-Pute

Portionen

- 4 Portionen

Zutaten

- 400 g Putenfleisch, in Würfeln
- 1 Zwiebel
- 2 Knoblauchzehen
- 3 Paprika
- 1 rote Chilischote
- 150 g Champignons (frisch)
- 1 Zucchini
- 2 Dosen Tomaten
- 2 Würfel Gemüsebrühe
- Salz und Pfeffer nach Geschmack
- 1 TL Currypulver
- Öl zum Anbraten und Dünsten

Zubereitung

- Zunächst die Putenwürfel in etwas Öl in der Pfanne anbraten, mit dem Currypulver, ein wenig Pfeffer und Salz würzen.
- Die Zwiebel und die Knoblauchzehen in den Mixtopf geben und 3 Sekunden / Stufe 5 zerkleinern.
- Etwas Öl hinzufügen und 3 Minuten / Varoma / Stufe 3 dünsten.
- Paprika, Chilischote und Zucchini in Stücken dazugeben und 4 Sekunden / Stufe 4 zerkleinern.
- Tomaten und Gewürze hinzufügen, die Champignons vierteln und ebenfalls in den Mixtopf geben.
- Das Ganze 12 Minuten / 100 °C / Linkslauf / Stufe 1 köcheln.
- Anschließend die Putenwürfel hinzufügen und 10 Sekunden / Stufe 3 / Linkslauf untermischen.
- Mit den Gewürzen abschmecken.

Nährwerte Pro Portion

- 486 kcal
- 34 g Kohlenhydrate
- 25 g Fett
- 52 g Protein
- 1 Punkt

Zubereitungszeit

- 25 Minuten

Hauptspeisen

Erdnuss –Sushi

Portionen
- 10 Portionen

Zutaten

Erdnuss-Soße
- 70 g Erdnusscreme
- 15 g Sojasoße, gesalzen
- 30 g Paprikamark, scharf
- 50 g Orangensaft, frisch
- 10 g Wasser
- 1 TL Agavendicksaft
- ½ TL Curry
- 1–2 TL Paprikaflocken, scharf

Sushi
- 600 g Blumenkohlröschen
- 1 Apfel, geschält, in Stücken
- 30 g Olivenöl
- 25 g Zitronensaft, frisch
- ½ TL Asia-Gewürzmischung
- ½ TL Salz

Weitere Zutaten
- 30 g Sesam
- 1 Avocado, mit Zitronensaft beträufelt
- Gemüse nach Wahl, z. B. Paprika, Gurken, Möhren, Zucchini, Kohlrabi
- Nori-Algenblätter

Zubereitung

Erdnuss-Soße
- Alle Zutaten für die Erdnuss-Soße in den Mixtopf geben, 20 Sekunden / Stufe 3–4 verrühren und umfüllen.
- Thermomix ausspülen.

Sushi
- Alle Zutaten für das Sushi in den Mixtopf geben, 10 Sekunden / Stufe 5 mit Hilfe des Spatels zerkleinern.

Weitere Zutaten
- Sesam in einer Pfanne rösten und beiseitestellen.
- Avocado schälen, in feine Streifen schneiden, mit Zitronensaft benetzen und beiseitestellen.
- Restliches Gemüse ebenfalls in feine Streifen schneiden.
- Ein Nori-Algenblatt mit der rauen Seite nach oben auf eine Bambusmatte legen.
- Etwa 3 EL Blumenkohlmasse gleichmäßig ½ cm dick auf etwas mehr als der Hälfte des Nori-Blattes verteilen und mit Sesam bestreuen.
- In die Mitte der Blumenkohlmasse einige Avocado- und Gemüsestreifen legen.
- Das Ende des Nori-Blattes mit etwas Wasser befeuchten.
- Mit Hilfe der Bambusmatte das gefüllte Nori-Blatt aufrollen.
- Rollen mindestens 10 Minuten ruhen lassen.
- Rollen mit einem scharfen Messer in ca. 2 cm breite Streifen schneiden, aufrecht hinstellen und mit der Erdnusssoße servieren.

Nährwerte Pro Portion
- 432 kcal
- 54 g Kohlenhydrate
- 21 g Fett
- 39 g Protein
- 4 Punkte

Zubereitungszeit
- 30 Minuten

Kokosreis mit Mango

Portionen

- 3 Portionen

Zutaten

- 400 g Kokosmilch (Dose, fettreduziert)
- 100 g Milch
- 1 Prise Salz
- 100 g Milchreis
- 1 Mango (reif)
- Zucker und Zimt nach Geschmack

Zubereitung

- Kokosmilch, Milch und Salz in den Mixtopf geben und 5 Minuten / 100 °C / Stufe 1 erhitzen.
- Anschließend den Milchreis hinzugeben und 30 Minuten / 90 °C / Linkslauf / Stufe 1 weiterkochen.
- Den Kokosreis mit Mangostücken anrichten und mit Zucker und Zimt bestreuen.

Nährwerte Pro Portion

- 82 kcal
- 12 g Kohlenhydrate
- 4 g Fett
- 7 g Protein
- 13 Punkte

Zubereitungszeit

- 40 Minuten

Mangold-Paprika-Risotto

Portionen

- 2 Portionen

Zutaten

- 25 g Parmesan
- 25 g Brie, in kleinen Stücken
- 1 Zwiebel
- 1 Knoblauchzehe
- 25 g Öl
- 150 g Mangold
- 1 Paprika
- 70 g Weißwein
- 220 g Gemüsebrühe, heiß
- 80 g Risottoreis
- 10 g Butter
- 1 Prise Zucker

Zubereitung

- Parmesan in den Mixtopf geben, 7 Sekunden / Stufe 10 zerkleinern und umfüllen.
- Knoblauch und Zwiebel 3 Sekunden / Stufe 5 zerkleinern.
- Öl dazugeben und 2 Minuten / Varoma / Stufe 1 andünsten.
- Mangold (in Stücken) und Paprika (geviertelt) zugeben und 8 Sekunden / Stufe 6 zerkleinern.
- Reis dazugeben und 1 Minute / 100 °C / Linkslauf / Stufe 1 mitdünsten.
- Weißwein zum Reis geben und 1 Minute / 100 °C / Linkslauf / Stufe 1 rühren.
- Die heiße Brühe hinzugeben und 22 Minuten / 90 °C / Linkslauf / Stufe 1 ohne Messbecher garen lassen.
- Nach Ablauf der Zeit eine Prise Zucker, Parmesan, Brie und Butter dazugeben und 30 Sekunden im Linkslauf / Stufe 2 verrühren.

Nährwerte Pro Portion

- 211 kcal
- 29 g Kohlenhydrate
- 10 g Fett
- 20 g Protein
- 13 Punkte

Zubereitungszeit

- 35 Minuten

Spinat mit Mandelmilch und Nuss

Portionen

- 1 Portion

Zutaten

- 40 g rote Zwiebel, wahlweise auch weiß
- 1 Knoblauchzehe, klein
- 200 g Spinat, frisch oder TK
- 100 g Mandelmilch, ungesüßt
- 5 g entöltes Erdnussmehl (alternativ anderes Nussmehl)
- ½ TL gekörnte Gemüsebrühe
- Salz, Pfeffer und Muskat nach Geschmack
- Zitronensaft nach Geschmack
- 5 g Öl

Zubereitung

- Zwiebeln und Knoblauch in den Mixtopf geben.
- 5 Sekunden / Stufe 5 zerkleinern.
- Öl und Nussmehl hinzugeben.
- Alles 2 Minuten / 100 °C / Stufe 1 anrösten.
- Mit Mandelmilch und Gemüsebrühe ablöschen, Gewürze und Salz dazugeben.
- Alles zusammen nochmals 2 Minuten / 100 °C / Stufe 1 aufkochen lassen.
- Spinat dazugeben.
- 6 Minuten / 90 °C / Linkslauf / Stufe 2 garen (bei TK-Spinat nach Packungsanweisung garen).

Nährwerte Pro Portion

- 253 kcal
- 19 g Kohlenhydrate
- 13 g Fett
- 15 g Protein
- 2 Punkte

Zubereitungszeit

- 15 Minuten

Hähnchen Süßsauer mit Gemüse und Reis

Portionen

- 4 Portionen

Zutaten

- 400 g Hähnchenbrustfilet, in Würfeln
- Salz nach Geschmack
- 2 Prisen Paprikapulver, edelsüß
- 1 rote Paprika, in Streifen
- Je 100 g:
  - Bambussprossen (Glas)
  - Sojasprossen (Glas)
  - Brokkoli, in Röschen
  - Möhren, in Streifen
  - Zuckerschoten
- 250 g Reis
- 1200 g Wasser
- 260 g Ananas (Dose), in Stücken
- 60 g Sojasoße
- 30 g Balsamicoessig, dunkel
- 60 g Tomatenmark
- 25 g Stärke
- 30 g brauner Zucker

Zubereitung

- Zunächst das Hähnchen salzen und mit Paprikapulver bestreuen, dann auf den Einlegeboden geben und das ebenfalls gesalzene Gemüse im Varoma verteilen.
- Nun den Boden mit dem Hähnchen einsetzen und einen TL Salz in den Mixtopf geben.
- Danach den Reis im Garkorb einwiegen und so viel Wasser dazugeben, dass der Reis bedeckt ist.
- Den Varoma auf den Mixtopf aufsetzen und dann 20 Minuten / Varoma / Stufe 2 garen.
- Nach der Garzeit Varoma geschlossen auf einem Teller abstellen, den Garkorb entnehmen und den Mixtopf ausleeren, dabei 300 g der Garflüssigkeit auffangen.
- Garflüssigkeit und den Saft der abgetropften Ananas sowie Balsamicoessig, Sojasoße, Tomatenmark, Zucker und Stärke hinzufügen.
- Nun zuerst alles 5 Sekunden / Stufe 5 mixen, um danach alles 4 Minuten / 100 °C / Stufe 3 zu kochen.
- Zum Schluss die Ananas dazugeben und alles 20 Sekunden / Linkslauf / Stufe 2 mischen, die Soße mit dem Fleisch und dem Gemüse vermengen und mit dem Reis servieren.

Nährwerte Pro Portion

- 457 kcal
- 71 g Kohlenhydrate
- 3 g Fett
- 33 g Protein
- 9 Punkte

Zubereitungszeit

- 35 Minuten

Senfeier mit Kresse

Portionen
- 6 Portionen

Zutaten

- 600 g Wasser
- 8 Eier
- 750 g Kartoffeln
- 5 Prisen Salz
- 50 g Butter
- 50 g Mehl
- 250 g Sahne
- 400 g Gemüsebrühe
- 2 Prisen Pfeffer
- 2 Prisen Muskat
- 4 TL scharfer Senf
- 2 TL körniger Senf
- 1 Packung Gartenkresse

Zubereitung

- 600 g Wasser in den Mixtopf geben und die Eier in den eingesetzten Gareinsatz legen.
- Nun die Kartoffeln im aufgesetzten Varoma einwiegen, 2 Prisen Salz hinzufügen und dann 14 Minuten / Varoma / Stufe 2 im verschlossenen Varoma kochen.
- Danach den Varoma abnehmen, die Eier im Gareinsatz entnehmen und abschrecken und den Varoma wieder aufsetzen.
- Als Hilfe zur Entnahme des Gareinsatzes kann man den Spatel verwenden.
- 18 Minuten / Varoma / Stufe 2 weiterkochen.
- Unterdessen die Eier schälen, nach den 18 Minuten zu den Kartoffeln geben und den Varoma verschlossen beiseitestellen.
- Die Butter im geleerten Mixtopf bei 100 °C / Stufe 1 erhitzen, das Mehl rechts und links neben das Mixmesser streuen und 3 Minuten / 100 °C / Stufe 1 dünsten.
- Daraufhin Muskat, Pfeffer, Brühe, Sahne und 3 Prisen Salz 10 Sekunden / Stufe 5 mixen, Varoma aufsetzen und alles 7 Minuten / 100 °C / Stufe 2 erwärmen.
- Varoma wieder abnehmen, scharfen Senf hinzufügen, 10 Sekunden / Stufe 8 mixen und danach den körnigen Senf 10 Sekunden / Stufe 3 unterheben.
- Zum Schluss abschmecken und alles zusammen mit der Kresse garnieren.

Nährwerte Pro Portion
- 617 kcal
- 37 g Kohlenhydrate
- 42 g Fett
- 21 g Protein
- 13 Punkte

Zubereitungszeit
- 1 Stunde

Frühstück

Chia-Fitness-Frühstück

Portionen

- 2 Portionen

Zutaten

- 250 g Magerquark
- 150 g Naturjoghurt (1,5 %)
- 100 g gefrorene Früchte (z. B. Himbeeren)
- 1 EL Chiasamen
- 1 TL Agavendicksaft
- 1 TL Zimt
- 50 g Milch

Zubereitung

- Die Chiasamen in der Milch ca. 1 Stunde quellen lassen.
- Die leicht angetauten Früchte in den Mixtopf geben.
- 10 Sekunden / Stufe 5 mixen und umfüllen.
- Quark, Joghurt, gequollene Chiasamen, Agavendicksaft und Zimt in den Mixtopf geben.
- Mit dem Schmetterling 30 Sekunden / Stufe 4 aufrühren.
- Quark auf einen Teller geben und die Früchte dazugeben.
- Mit etwas Zimt bestreuen und servieren.

Nährwerte Pro Portion

- 271 kcal
- 23 g Kohlenhydrate
- 8 g Fett
- 27 g Protein
- 4 Punkte

Zubereitungszeit

- 5 Minuten (zzgl. 1 Stunde Einweichzeit)

Fitness-Porridge

Portion

- 1 Portion

Zutaten

- 100 g Äpfel
- 1 Banane
- 70 g Dinkelflocken
- 300 g Mandelmilch
- 2 TL Zimt
- 1 TL Stevia
- 10 g Rosinen
- 10 g Walnüsse

Zubereitung

- Mandelmilch in den Mixtopf geben und 7 Minuten / Stufe 1 / 100 °C aufkochen lassen.
- Dinkelflocken dazugeben und 7 Minuten / 100 °C oder 90 °C / Stufe 1 weichkochen.
- Auf 90 °C zurückschalten, wenn die Milch kurz vor dem Überkochen ist.
- Rosinen, Nüsse, Zimt, Stevia und Apfel in Stücken in den Mixtopf geben.
- Weitere 3 Minuten / 90 °C / Linkslauf / Stufe 1 köcheln lassen.
- Nach der Kochzeit Porridge in eine Schüssel geben.
- Mit der zerkleinerten Banane garnieren.

Nährwerte Pro Portion

- 588 kcal
- 100 g Kohlenhydrate
- 14 g Fett
- 15 g Protein
- 12 Punkte

Zubereitungszeit

- 20 Minuten

Apfelkompott mit Mandeln

Portionen

- 2 Portionen

Zutaten

- 500 g Quark
- 40 g Mandeln
- 2–3 Äpfel, halbiert und entkernt
- ½ TL Zimt
- 30 g Wasser

Zubereitung

- Zuerst den Mixtopf nehmen und die Mandeln 5 Sekunden / Stufe 6 hacken.
- Nach dem Umfüllen Äpfel 5 Sekunden / Stufe 6 mixen, nach unten schieben und gemeinsam mit Zimt und Wasser 5 Minuten / 98 °C / Stufe 2 kochen.
- Zum Schluss alles 10 Sekunden / Stufe 8 mixen, um das Kompott schließlich mit Mandeln und Quark zu servieren.

Nährwerte Pro Portion

- 453 kcal
- 46 g Kohlenhydrate
- 12 g Fett
- 37 g Protein
- 4 Punkte

Zubereitungszeit

- 5 Minuten

Himbeer- & Bananen-Quarkspeise

Portionen

- 2 Portionen

Zutaten

- 100 g TK-Himbeeren
- 150 g Magerquark
- 15 g Leinöl (möglichst geschmacksneutral)
- 70 g Banane, in kleinen Stücken
- 50 g griechischer Joghurt
- 3 EL Chiasamen

Zubereitung

- Himbeeren unaufgetaut in den Mixtopf geben und 5 Sekunden / Stufe 10 zerkleinern.
- Alles mit dem Spatel nach unten schieben.
- Banane dazugeben und 3 Sekunden / Stufe 5 mixen.
- Nach unten schieben.
- Quark hinzufügen und 10 Sekunden / Stufe 5 mixen.
- Nach unten schieben.
- Falls sich die Masse noch nicht gut verbindet, Joghurt und Leinöl hinzufügen und 10 Sekunden / Stufe 5 vermischen.
- Nach unten schieben und ggf. wiederholen.
- Chiasamen über die fertige Quarkspeise streuen.

Nährwerte Pro Portion

- 212 kcal
- 28 g Kohlenhydrate
- 10 g Fett
- 22 g Protein
- 6 Punkte

Zubereitungszeit

- 5 Minuten

Cremiger Quark

Portionen

- 2 Portionen

Zutaten

- 30 g Zucker oder anderes Süßungsmittel
- 500 g Magerquark
- 40 g Mineralwasser
- Je nach Vorliebe das Mark von ½ Vanilleschote oder etwas Zitronensaft, Orangensaft

Zubereitung

- Zuerst den Mixtopf nehmen und den Zucker 10 Sekunden / Stufe 10 mixen.
- Bei Verwendung eines Zuckerersatzes ist dieser Schritt nicht notwendig.
- Die restlichen Zutaten hinzugeben und 7 Minuten / Teigstufe mixen, um alles cremig zu schlagen.
- Nach Wunsch mit Obstsalat etc. anrichten.

Nährwerte Pro Portion

- 246 kcal
- 25 g Kohlenhydrate
- 1 g Fett
- 34 g Protein
- 4 Punkte

Zubereitungszeit

- 10 Minuten

Schokoporridge

Portionen

- 2 Portionen

Zutaten

- 600 g Milch
- 100 g Haferflocken
- 2 TL Backkakao
- 2 TL Ahornsirup oder Honig
- 100 g Joghurt oder Quark
- 2 Bananen, in Scheiben

Zubereitung

- Zuerst den Mixtopf nehmen und alle Zutaten bis auf Joghurt und Bananen 7 Minuten / 100 °C / Stufe 1 kochen.
- Danach den Joghurt oder Quark dazugeben, 10 Sekunden unterheben und den Porridge anrichten, nachdem die Bananenscheiben vorsichtig untergemischt wurden.

Nährwerte Pro Portion

- 436 kcal
- 69 g Kohlenhydrate
- 5 g Fett
- 26 g Protein
- 13 Punkte

Zubereitungszeit

- 10 Minuten

Superfood-Müsli

Portionen

- 3 Portionen

Zutaten

- 20 g Leinsamen
- 20 g Sonnenblumenkerne
- 100 g Wasser
- 400 g Milch
- 200 g Haferflocken
- 20 g Honig
- 125 g Blaubeeren
- 100 g Himbeeren

Zubereitung

- Zuerst den Mixtopf verwenden, um die Leinsamen darin einzuwiegen und 3 Sekunden / Stufe 8 zu zerkleinern, dann die Sonnenblumenkerne 2 Sekunden / Stufe 6 mithacken.
- Nun die Mischung in ein Gefäß füllen und Milch, Wasser und Haferflocken in den Mixtopf geben, um diese 5 Minuten / 100 °C / Linkslauf / Sanftrührstufe köcheln zu lassen.
- Nach den 5 Minuten Honig und die Leinsamen-Mischung hinzufügen und 2 Minuten mitkochen.
- Zum Schluss mit den Beeren garnieren.

Nährwerte Pro Portion

- 216 kcal
- 35 g Kohlenhydrate
- 6 g Fett
- 9 g Protein
- 13 Punkte

Zubereitungszeit

- 10 Minuten

Frühstück im Glas

Portionen

- 2 Portionen

Zutaten

- 4 Datteln, entsteint
- 2 Eiswürfel
- 150 g Apfelsaft
- 200 g Naturjoghurt
- 1 Apfel, in Stücken
- 20 g Haferflocken
- 10 g Mandelmus
- 5 g Leinsamen
- 10 g Agavensirup (optional)

Zubereitung

- Alle Zutaten so lange pürieren, bis eine cremige Flüssigkeit entstanden ist. Am besten kalt genießen.

Nährwerte Pro Portion

- 315 kcal
- 50 g Kohlenhydrate
- 9 g Fett
- 7 g Protein
- 7 Punkte

Zubereitungszeit

- 5 Minuten

Leichter Fruchtjoghurt

Portionen

- 4 Portionen

Zutaten

- 200 g Mango, in Stücken
- 250 g Himbeeren
- 200 g Heidelbeeren
- 300 g Magerjoghurt (optional Joghurt mit höherem Fettgehalt)

Zubereitung

- Zuerst die Mango in den Mixtopf geben und 5 Sekunden / Stufe 5 zerkleinern.
- 30 g Heidelbeeren beiseitelegen, die restlichen Zutaten dazugeben und 30 Sekunden / Linkslauf / Stufe 3 unterheben.
- Mit Heidelbeeren garniert servieren.

Nährwerte Pro Portion

- 92 kcal
- 17 g Kohlenhydrate
- 1 g Fett
- 4 g Protein
- 0 Punkte

Zubereitungszeit

- 5 Minuten

Eier im Glas aus dem Varoma

Portionen
- 2 Portionen

Zutaten
- 2 Eier
- 2 kleine Dessert-Gläser

Zubereitung
- Jeweils ein Ei in ein kleines Dessert-Glas aufschlagen.
- Den Mixtopf mit 500 ml Wasser füllen, den Deckel schließen, den Varoma aufsetzen und die Eier in den Gläsern hineinstellen.
- Optional die Gläser mit Folie abdecken, um zu verhindern, dass Kondenswasser in die Gläser tropft. Alternativ kann das Wasser auch nach dem Kochen abgegossen werden.
- Je nachdem, ob die Eier härter oder weicher sein sollen, 8–15 Minuten kochen lassen.

Nährwerte Pro Portion
- 86 kcal
- 1 g Kohlenhydrate
- 7 g Fett
- 6 g Protein
- 0 Punkte

Zubereitungszeit
- 10–15 Minuten

Schnelles Birchermüsli

Portionen

- 4 Portionen

Zutaten

- 180 g Haferflocken
- 540 g Wasser
- 40 g Mandeln
- 30 g Rosinen
- 500 g Äpfel, geviertelt
- 300 g pflanzliche Milch (z. B. Hafer- oder Mandelmilch)
- 10 g Zitronensaft
- 40 g Honig

Zubereitung

- Zuerst den Mixtopf mit Wasser und Haferflocken füllen, 20 Sekunden / Linkslauf / Stufe 2 mixen und über Nacht im Kühlschrank stehen lassen.
- In der Früh nur noch die Mandeln 5 Sekunden / Stufe 5 hacken und umfüllen, dann Rosinen und Äpfel 4 Sekunden / Stufe 5 hacken.
- Schließlich alle Zutaten gemeinsam 15 Sekunden / Linkslauf / Stufe 3 unterheben.

Nährwerte Pro Portion

- 372 kcal
- 65 g Kohlenhydrate
- 9 g Fett
- 12 g Protein
- 10 Punkte

Zubereitungszeit

- 5 Minuten (zzgl. Einweichzeit über Nacht)

Notella

Portionen

- 1 Einmachglas (400 g)

Zutaten

- 150 g Haselnüsse
- 6 Datteln, entsteint
- 40 g Kakaopulver
- 200 g Ahornsirup
- 120 g Mandelmilch
- 1 EL Vanille-Extrakt

Zubereitung

- Zuerst den Ofen auf 200 °C vorheizen, um die Haselnüsse auf einem Backblech mit Backpapier 10 Minuten zu rösten.
- Leicht ausgekühlt in den Mixtopf geben und gemeinsam mit den restlichen Zutaten 1½ Minuten / Stufe 10 mixen.
- In einem sterilisierten Glas im Kühlschrank aufbewahrt bleibt das Mus für bis zu 4 Wochen frisch.

Nährwerte Pro 100 g

- 523 kcal
- 60 g Kohlenhydrate
- 27 g Fett
- 7 g Protein
- 13 Punkte

Zubereitungszeit

- 15 Minuten

Acai-Smoothie-Bowl

Portionen

- 2 Portionen

Zutaten

- 30 g Mandeln
- 150 g TK-Himbeeren
- 40 g Mandeldrink, ggf. etwas mehr
- 2 EL Acai-Pulver
- 2 getrocknete Datteln, entsteint
- 1½ Bananen, halbiert
- 1 TL Honig
- 1 EL Chiasamen
- 2 EL Goji-Beeren

Zubereitung

- Mandeln im Mixtopf 3 Sekunden / Stufe 6 hacken und umfüllen.
- Himbeeren 10 Sekunden / Stufe 8 pürieren, ggf. zwischendurch nach unten schieben.
- Mandelmilch, Datteln, Acai-Pulver, Honig und 1 Banane in den Mixtopf geben und 10 Sekunden / Stufe 7 mixen.
- Optional noch mehr Mandelmilch dazugeben und 10 Sekunden / Stufe 7 unterrühren.
- In einer Schüssel servieren und mit den Mandeln, der restlichen halben Banane in Scheiben, den Beeren und den Chiasamen garniert anrichten.

Nährwerte Pro Portion

- 357 kcal
- 34 g Kohlenhydrate
- 17 g Fett
- 9 g Protein
- 9 Punkte

Zubereitungszeit

- 5 Minuten

Suppen

Melone-Gurken-Suppe

Portionen

- 4 Portionen

Zutaten

- 1 Melone
- 1 Salatgurke
- 150 g Geflügelbouillon
- 100 g Aufstrich Brunch „Gurke-Dill-Knoblauch" oder Ähnliches
- Salz und weißer Pfeffer nach Geschmack

Zubereitung

- Melone vierteln.
- Eins der vier Melonenstücke beiseitelegen.
- Den Rest entkernen und das Fruchtfleisch aus der Schale lösen.
- Salatgurke schälen, längs halbieren und mit einem Löffel die Kerne entfernen.
- Melone und Gurke grob würfeln, zusammen mit Bouillon und Aufstrich in den Mixtopf geben.
- 30 Sekunden / Stufe 8 pürieren.
- Suppe mit Salz und Pfeffer abschmecken und gut durchkühlen lassen.
- Aus dem restlichen Melonenstück mit einem Kugelausstecher einige Melonenkugeln als Garnitur heraustrennen und in die Suppe geben.

Nährwerte Pro Portion

- 360 kcal
- 22 g Kohlenhydrate
- 11 g Fett
- 5 g Protein
- 3 Punkte

Zubereitungszeit

- 10 Minuten

Gemüsesuppe

Portionen

- 4 Portionen

Zutaten

- 1 Zwiebel
- 1 Knoblauchzehe
- 1 gestr. TL rote Currypaste
- 10 g Kokosöl
- 750 g Wasser
- 1–2 EL gekörnte Gemüsebrühe
- 1 gestr. TL Salz
- 1 Prise Pfeffer
- 250 g gemischtes, schnell garendes Gemüse (z. B. Champignonscheiben, Zucchinischeiben, Paprikastreifen, kleine Brokkoliröschen, Fenchel, Frühlingszwiebeln, Zuckerschoten)
- 80 g Kräuterfrischkäse
- ½ Banane
- 1 geh. TL Preiselbeeren

Zubereitung

- Zwiebel und Knoblauchzehe 5 Sekunden / Stufe 5 zerkleinern.
- 1TL Currypaste und Kokosöl dazugeben, dann 2 Minuten / Varoma / Stufe 1 dünsten.
- Gemüse hinzugeben und 7 Sekunden / Stufe 6 grob zerkleinern.
- Wasser, Gemüsebrühe, Salz und Pfeffer in den Mixtopf geben und den Varomaboden einsetzen.
- Schnell garendes Gemüse in den Varoma legen, 15 Minuten / Varoma / Stufe 1 garen.
- Kräuterfrischkäse und halbe Banane in den Mixtopf geben und 30 Sekunden/ Stufe 10 pürieren.
- Gegartes Gemüse untermischen und servieren.

Nährwerte Pro Portion

- 164 kcal
- 14 g Kohlenhydrate
- 9 g Fett
- 6 g Protein
- 2 Punkte

Zubereitungszeit

- 20 Minuten

Kichererbsen-Suppe

Portionen

- 4 Portionen

Zutaten

- 6 Stängel Petersilie, abgezupft
- 1 Zwiebel, halbiert
- 4 EL Olivenöl
- 400 g Möhren, in Stücken
- 1 Dose Kichererbsen, (Abtropfgewicht 265 g), abgetropft
- 600 g Wasser
- 150 g Orangensaft, frisch gepresst (2 Orangen)
- 2 geh. TL Gewürzpaste für Gemüsebrühe, selbst gemacht, oder 2 Würfel Gemüsebrühe für je ½ l Wasser
- 2 Msp. Kreuzkümmel
- ¼ TL Zimt
- ¼ TL Chiliflocken

Zubereitung

- Zuerst den Mixtopf nehmen und die Petersilie 3 Sekunden / Stufe 8 hacken, umfüllen und die Zwiebel 3 Sekunden / Stufe 5 zerkleinern.
- Nun nach unten schieben, 3 EL Öl, Möhren und 100 g Kichererbsen hinzugeben und alles 3 Minuten / Varoma / Stufe 1 kochen.
- Danach erneut nach unten schieben und Orangensaft, Wasser, Gewürzpaste bzw. Brühwürfel und Kreuzkümmel hinzufügen, um alles 25 Minuten / Stufe 1 / 100 °C zu kochen.
- Währenddessen den Ofen auf 200 °C vorheizen und Zimt, Chili, 2 Prisen Salz, 1 EL Öl und die restlichen Kichererbsen vermengen und auf einem mit Backpapier ausgelegten Blech verteilen.
- Die Kichererbsen 20 Minuten bei 200 °C auf der mittleren Schiene rösten.
- Währenddessen die Suppe 1 Minute / Stufe 5–10 pürieren und schließlich mit den gerösteten Kichererbsen garnieren.

Nährwerte Pro Portion

- 235 kcal
- 21 g Kohlenhydrate
- 12 g Fett
- 6 g Protein
- 5 Punkte

Zubereitungszeit

- 40 Minuten

Kürbissuppe

Portionen

- 4 Portionen

Zutaten

- 150 g Sahne (mind. 30 % Fett), gekühlt
- 50 g Schalotten, halbiert
- 30 g Olivenöl
- 500 g Tomaten
- 500 g Butternusskürbis, geschält, entkernt, in 2 cm großen Würfeln
- 2 TL Kräuter nach Wahl (getrocknet)
- 1 Würfel Gemüsebrühe, für ½ l Wasser
- 600 g Wasser
- ½ TL Salz
- Salz und Pfeffer zum Abschmecken
- 4 Stängel Basilikum

Zubereitung

- Zuerst die Sahne auf Stufe 3 steif schlagen, umfüllen und kalt stellen.
- Die Schalotten 5 Sekunden / Stufe 5 zerkleinern, nach unten schieben, Öl hinzugeben und 3 Minuten / 120 °C / Stufe 1 braten.
- Kräuter, Brühwürfel, Kürbis, Wasser und Salz hinzugeben.
- Die Tomaten in den Varoma geben und alles 12 Minuten / Stufe 1 garen, danach den Varoma abnehmen, die Tomaten abschrecken, häuten, vierteln und den Stielansatz entfernen.
- Den Mixtopfdeckel einsetzen, um die Kürbismischung weitere 8 Minuten / 100 °C / Stufe 1 zu garen. Vor dem Pürieren die Tomaten dazugeben und alles noch einmal 3 Minuten / 90 °C / Stufe 1 kochen.
- Von Stufe 6 bis 8 steigernd pürieren, bis die Suppe cremig ist, und nach dem Abschmecken mit Sahne und Basilikum anrichten.

Nährwerte Pro Portion

- 262 kcal
- 11 g Kohlenhydrate
- 20 g Fett
- 4 g Protein
- 8 Punkte

Zubereitungszeit

- 35 Minuten

Blumenkohl-Cremesuppe

Portionen

- 4 Portionen

Zutaten

- 1 Zwiebel, halbiert
- 1 Knoblauchzehe
- 1½ EL Butter, weich
- 300 g Blumenkohl, in kleinen Röschen
- 100 g Kartoffeln, festkochend, in 1 cm großen Stücken
- 700 g Gemüsebrühe
- 150 g Sahne
- 120 g Brokkoli, in Röschen
- 1 TL Salz
- 4 Prisen Pfeffer
- 1 Prise Cayennepfeffer
- 1 Bio-Zitrone, davon 1 Streifen Schale (1 x 4 cm) dünn abgeschält, 1 EL Saft ausgepresst
- 8 Stängel Kerbel, abgezupft

Zubereitung

- Zuerst Zwiebel und Knoblauch 5 Sekunden / Stufe 5 zerkleinern, nach unten schieben und in der Butter ohne Messbecher 4 Minuten / Varoma / Stufe 1 garen.
- Blumenkohl und Kartoffeln hinzugeben, weitere 4 Minuten dünsten und schließlich Sahne und Brühe dazugeben.
- Den Brokkoli in den Varoma geben, 20 Minuten / 100 °C / Stufe 1 garen und beiseitestellen.
- Nun Salz, Pfeffer, Cayennepfeffer, Zitronenschale und Zitronensaft zur Suppe geben, um sie auf Stufe 5–9 cremig zu pürieren.
- Zum Schluss mit Brokkoli und Kerbel garnieren.

Nährwerte Pro Portion

- 218 kcal
- 9 g Kohlenhydrate
- 16 g Fett
- 5 g Protein
- 10 Punkte

Zubereitungszeit

- 40 Minuten

Tomatensuppe

Portionen

- 4 Portionen

Zutaten

- 1 Knoblauchzehe
- 1 Zwiebel
- 30 g Butter
- 700 g Tomaten, halbiert, Strunk entfernt
- 70 g Tomatenmark
- 1 TL Kräutersalz
- 1 TL Zucker
- 1 EL Pizzagewürz oder Oregano
- 500 ml Wasser
- 1 Würfel Fleischbrühe oder Gemüsebrühe
- 100 g Crème fraîche oder saure Sahne
- 2 Stängel Basilikum, gehackt
- 4 Stängel Petersilie, gehackt

Zubereitung

- Zuerst den Mixtopf verwenden, um die Zwiebel und den Knoblauch 3 Sekunden / Stufe 5 hacken.
- Nun die Butter hinzufügen und 2½ Minuten / Varoma / Stufe 2 kochen.
- Tomaten, Tomatenmark, Kräutersalz, Zucker und Pizzagewürz hinzufügen und 5 Sekunden / Stufe 5 mixen.
- Brühwürfel und Wasser dazugeben, alles zusammen 10 Minuten / 100 °C / Stufe 2 kochen und danach Crème fraîche, Basilikum und Petersilie hinzufügen.
- Nun die Suppe 20 Sekunden / Stufe 8 pürieren.

Nährwerte Pro Portion

- 190 kcal
- 13 g Kohlenhydrate
- 13 g Fett
- 3 g Protein
- 7 Punkte

Zubereitungszeit

- 20 Minuten

Brokkoli-Cremesuppe

Portionen

- 4 Portionen

Zutaten

- 1 Zwiebel
- 40 g Butter
- 500 g Brokkoli
- 700 g Wasser
- 30 g Mehl
- 2½ TL gekörnte Gemüsebrühe
- 1 Prise Pfeffer
- 100 g Sahne
- 100 g Crème fraîche
- 3 Knoblauchzehen

Zubereitung

- Zwiebel und Knoblauch in den Mixtopf geben und 3 Sekunden / Stufe 5 zerkleinern.
- Butter hinzugeben und 4 Minuten / 100 °C / Stufe 2 andünsten.
- Geputzten Brokkoli mit Stiel dazugeben und 5 Sekunden / Stufe 6 zerhacken.
- Anschließend erneut 4 Minuten / 100 °C / Stufe 2 andünsten.
- Wasser, Mehl, Gemüsebrühe und Pfeffer hinzugeben und alles 15 Minuten / 100 °C / Stufe 4 garen.
- Anschließend 30 Sekunden / Stufe 8 pürieren.
- Zum Schluss Sahne und Crème fraîche dazugeben und 5 Minuten / 90 °C / Stufe 1 fertig garen.

Nährwerte Pro Portion

- 236 kcal
- 10 g Kohlenhydrate
- 20 g Fett
- 3 g Protein
- 12 Punkte

Zubereitungszeit

- 35 Minuten

Kartoffel-Möhren-Suppe

Portionen

- 2 Portionen

Zutaten

- 150 g Kartoffeln
- 50 g Möhren
- 50 g Fenchel
- ½ l Gemüsebrühe
- 2 EL Haferflocken (extra zart)
- 1 EL gehackte Petersilie
- Kräutersalz nach Geschmack

Zubereitung

- Kartoffeln, Möhren und Fenchel putzen und schälen.
- Im Mixtopf auf Stufe 4 zerkleinern.
- Die Brühe über das Gemüse geben.
- Alles 20 Minuten / 100 °C kochen.
- Nach 20 Minuten die Haferflocken und die Petersilie hinzugeben und auf Stufe 8 pürieren.
- Zum Schluss mit Kräutersalz abschmecken.

Nährwerte Pro Portion

- 111 kcal
- 21 g Kohlenhydrate
- 1 g Fett
- 4 g Protein
- 3 Punkte

Zubereitungszeit

- 30 Minuten

Salate

Chinesischer Nudelsalat

Portionen
- 6 Portionen

Zutaten
- 1 Packung Mie-Nudeln (250 g)
- 1 kleiner Chinakohl
- 2 Frühlingszwiebeln
- 120 g Möhren, in Stücken
- 100 g Macadamianüsse, gesalzen
- 2 EL Sesam
- 1 EL Sesamöl, zum Andünsten
- 20 g Sesamöl, für die Soße
- 80 g Essig
- 5 EL Sojasoße
- 1 TL gekörnte Gemüsebrühe

Zubereitung:
- Mie-Nudeln nach Packungsanweisung kochen.
- Chinakohl in Streifen und Frühlingszwiebeln in Ringe schneiden und beides zusammen mit den gegarten Mie-Nudeln in eine große Schüssel geben.
- Möhren in Stücken im Mixtopf 4 Sekunden / Stufe 5 zerkleinern und zum Salat geben.
- Macadamianüsse 4 Sekunden / Stufe 5 klein hacken.
- Sesam und Sesamöl hinzufügen und 2 Minuten / Varoma / Stufe 1 dünsten. Über den Salat geben.
- Essig, Sojasoße und Gemüsebrühe in den Mixtopf geben und 2 Minuten / 100 °C / Stufe 2 aufkochen.
- 20 g Sesamöl dazugeben und 5 Sekunden / Stufe 3 vermischen.
- Soße über den Nudelsalat geben, vermischen und etwas ziehen lassen.

Nährwerte Pro Portion
- 270 kcal
- 30 g Kohlenhydrate
- 12 g Fett
- 17 g Protein
- 12 Punkte

Zubereitungszeit
- 20 Minuten

Möhren-Salat

Portionen

- 4 Portionen

Zutaten

- 500 g Möhren
- 50 g Zwiebeln, halbiert
- 1 EL Zitronensaft
- 3 EL Olivenöl
- 1 TL Honig
- 1 gestr. TL Salz
- Pfeffer nach Geschmack

Zubereitung

- Alle Zutaten in den Mixtopf geben und 6 Sekunden / Stufe 5 zerkleinern.
- Abschmecken und zimmerwarm servieren.

Nährwerte Pro Portion

- 105 kcal
- 8 g Kohlenhydrate
- 7 g Fett
- 2 g Protein
- 4 Punkte

Zubereitungszeit

- 5 Minuten

Brokkoli-Rohkost-Salat

Portionen

- 4 Portionen

Zutaten

- 300 g Brokkoli, in Röschen
- 1 rote Paprika, in Stücken
- 1 Apfel, groß, geviertelt
- 30 g Pinienkerne
- 25 g Olivenöl
- 15 g Obstessig
- 1 TL Honig
- 1 TL Senf
- 1 TL Salz
- ¼ TL Pfeffer

Zubereitung

- Alle Zutaten in den Mixtopf geben.
- Alles 5 Sekunden / Stufe 4 / Sanftrührstufe zerkleinern.
- Abschmecken und zimmerwarm servieren.

Nährwerte Pro Portion

- 106 kcal
- 6 g Kohlenhydrate
- 7 g Fett
- 10 g Protein
- 4 Punkte

Zubereitungszeit

- 5 Minuten

Kohlrabisalat

Portionen

- 2 Portionen

Zutaten

- 50 g Salatkerne-Mischung
- 1 Kohlrabi
- 15 g Olivenöl
- ½ Päckchen Salatkrönung
- 1 Prise Salz

Zubereitung

- Salatkerne mit etwas Öl kurz in der Pfanne anbraten.
- Alternativ im Mixtopf anbraten, auch hier erst etwas Öl erhitzen.
- 3 Minuten / 100 °C / Stufe 1 andünsten und beiseitestellen.
- Kohlrabi 3 Sekunden / Stufe 5 zerkleinern.
- Die restlichen Zutaten mit den Körnern dazugeben und 10 Sekunden / Stufe 3 / Linkslauf untermischen.

Nährwerte Pro Portion

- 224 kcal
- 9 g Kohlenhydrate
- 21 g Fett
- 2 g Protein
- 5 Punkte

Zubereitungszeit

- 10 Minuten

Spargel-Nudelsalat

Portionen

- 4 Portionen

Zutaten

- 1 Knoblauchzehe
- ½ Bund Petersilie
- ½ Bund Basilikum
- 200 g Wasser, für die Soße
- 1 geh. TL gekörnte Brühe
- ¼ TL Muskat
- ¼ TL Pfeffer
- 200 g Frischkäse
- 1000 g Spargel, weiß
- 1 TL Zucker
- 20 g Butterflocken
- 1 rote Paprika
- 1 gelbe Paprika
- 100 g Erbsen
- 1000 g warmes Wasser, zum Kochen
- 2 TL Salz
- 5–10 g Öl
- 200 g Nudeln
- 250 g Cocktailtomaten
- 200 g Putenaufschnitt

Zubereitung

- Knoblauch, Petersilie und Basilikum im Mixtopf 5 Sekunden / Stufe 6 zerkleinern.
- 200 g Wasser, Brühe, Muskat, Pfeffer und Frischkäse dazugeben.
- 5 Minuten / 90 °C / Stufe 2–3 erwärmen und in eine große Salatschüssel umfüllen.
- 1000 g Spargel schälen und in ca. 2–3 cm breite, schräge Stücke schneiden.
- In den Varoma legen und 1 TL Zucker sowie 20 g Butterflocken auf dem Spargel verteilen.
- Die rote und gelbe Paprika waschen, in Stücke schneiden und auf dem Spargel verteilen.
- Dann die Erbsen auf die Paprikastücke geben.
- Auf die Dampflöcher achten und Varoma verschließen.
- 1000 g warmes Wasser, 2 TL Salz und 5–10 g Öl in den Mixtopf geben und verschließen.
- Varoma aufsetzen.
- Alles 15 Minuten / Varoma / Stufe 1 garen.
- Varoma kurz abnehmen (den Varomadeckel nicht öffnen), 200 g Nudeln in das Wasser des Mixtopfs geben und Varoma wieder aufsetzen.
- 12 Minuten (Kochzeit der Nudeln + 2 Min) / Varoma / Linkslauf / Sanftrührstufe bissfest garen.
- Nach der Garzeit das Gemüse zum Dressing geben, die Nudeln abgießen und auch dazugeben.
- Cocktailtomaten und Putenaufschnitt in mundgerechten Stücken mit dem Gemüse und den Nudeln mischen.

Nährwerte Pro Portion

- 299 kcal
- 33 g Kohlenhydrate
- 7 g Fett
- 19 g Protein
- 12 Punkte

Zubereitungszeit

- 45 Minuten

Caesar Salad

Portionen
- 5 Portionen

Zutaten
Dressing
- 1 Knoblauchzehe
- 1 TL Kapern
- 3 Sardellenfilets
- 1 TL Senf
- 1 Eigelb
- Saft einer halben Zitrone
- 1 TL Zucker oder Honig
- 1 TL Rotweinessig
- 1 TL Worcestersoße
- ¾ Tasse Öl
- ¼ Tasse Sahne
- 2 EL Parmesan, frisch und fein gerieben
- Salz und Pfeffer nach Geschmack

Salat
- 2 kleine Köpfe Römersalat
- 100 g Toast
- 3–4 EL Olivenöl
- 80 g Parmesan, geraspelt
- 300 g Hähnchenbrust
- 4 Kirschtomaten
- Salz nach Geschmack

Zubereitung
Salat
- Salatblätter in Streifen schneiden und bis zum Servieren kühl stellen.

Dressing

- Knoblauchzehe, Kapern und Sardellenfilets in den Mixtopf geben und 5 Sekunden / Stufe 5 hacken, mit dem Spatel nach unten schieben.
- Dazu Senf, Eigelb, Zitronensaft, Zucker oder Honig, Rotweinessig (oder anderen Essig, nur keinen Balsamico) und Worcestersoße geben und 45 Sekunden / Stufe 2 verrühren.
- 2 Minuten / Stufe 2 verrühren.
- Während des Rührens das Öl und danach die Sahne im feinen Strahl zugeben.
- Mit Salz und Pfeffer abschmecken, evtl. noch etwas Zitrone oder Essig dazugeben.
- Zum Schluss den feingeriebenen Parmesan hinzugeben.
- Alles 15 Sekunden / Stufe 5 mixen.

Salat, Croutons und Hähnchen

- Den Toast in 2 cm große Würfel schneiden.
- Olivenöl in einer Pfanne erhitzen, die Toaststückchen goldbraun rösten, salzen, abtropfen lassen und beiseitestellen.
- Hähnchenfilets in Streifen schneiden und im verbleibenden Fett scharf anbraten, salzen und pfeffern.

Anrichten

- Salat in eine große Salatschüssel geben, Fleisch darauf anrichten, mit dem Dressing gut beträufeln und mit Croutons und Parmesanspänen bestreuen.
- Mit halbierten Kirschtomaten garnieren.

Nährwerte Pro Portion

- 235 kcal
- 38 g Kohlenhydrate
- 12 g Fett
- 29 g Protein
- 11 Punkte

Zubereitungszeit

- 20 Minuten

Salatmix mit Hähnchenbrust

Portionen
- 4 Portionen

Zutaten

Salat
- 30 g Sonnenblumenkerne
- 500 g Hähnchenbrustfilet
- 1 gestr. TL Paprikapulver, edelsüß
- 1 gestr. TL Currypulver
- 1 gestr. TL (Kräuter-)Salz
- Pfeffer nach Geschmack
- 2 EL Mehl
- Öl zum Braten
- 10 getrocknete Tomaten (in Öl, abgetropft)
- 1 gelbe Paprikaschote
- 1 kleine Gemüsezwiebel oder rote Zwiebel
- 1 Kopf Salat (Lollo rosso)

Dressing
- 3 EL Öl von den getrockneten Tomaten
- 2 EL Olivenöl
- 3 EL Balsamicoessig, dunkel
- 3 EL Orangensaft
- 1 TL Sojasoße
- 1 TL flüssiger Honig oder Ahornsirup
- 2 TL mittelscharfer Senf
- 3 EL Wasser
- 1 gestr. TL (Kräuter-)Salz
- Pfeffer nach Geschmack

ZUBEREITUNG

Salat
- Die Sonnenblumenkerne in einer Pfanne ohne Fett rösten, abkühlen lassen und in eine Salatschüssel füllen.
- Das Fleisch waschen, trocken tupfen und in Streifen schneiden.
- Paprika- und Currypulver, Salz, Pfeffer und Mehl in einen Gefrierbeutel geben.
- Die Fleischstreifen hinzufügen. Den Beutel zuhalten und kräftig schütteln, so dass sich die Gewürze um das Fleisch legen.
- Das Fleisch in etwas Öl braten und abkühlen lassen.
- Die getrockneten Tomaten und die Paprika in Streifen schneiden.
- Die Zwiebel halbieren und in dünne Scheiben schneiden.
- Tomaten, Paprika und Zwiebel in die Salatschüssel geben.
- Den Salat putzen. Die Blätter klein zupfen und in die Salatschüssel füllen. Das Fleisch ebenfalls dazugeben.

Dressing

- Alle Dressing-Zutaten in den Mixtopf geben und 10 Sekunden / Stufe 5 verrühren.
- Das Dressing in die Salatschüssel geben und alles gut vermischen.

Nährwerte Pro Portion

- 569 kcal
- 72 g Kohlenhydrate
- 27 g Fett
- 51 g Protein
- 7 Punkte

Zubereitungszeit

- 15 Minuten

Couscous-Kräuter-Salat

Portionen

- 4 Portionen

Zutaten

- 100 g Couscous
- 6 EL Olivenöl
- 10 Prisen Salz
- 200 g Wasser, kochend
- 80 g Staudensellerie, in 2 cm großen Stücken
- 250 g Salatgurken, geschält, längs geviertelt und entkernt, in Stücken
- 1 Bund Frühlingszwiebeln, weiße und hellgrüne Teile, in 2 cm großen Stücken
- 5 Stängel Petersilie, abgezupft
- 15 Stängel Kerbel, abgezupft
- 4 Stängel Dill, abgezupft
- 25 g Zitronensaft
- 4 Prisen Pfeffer
- 70 g Cranberrys, getrocknet
- 10 g Cashewkerne, geröstet und gesalzen
- 200 g Joghurt
- 2 TL Harissa-Paste

ZUBEREITUNG

- Zuerst den Couscous mit 5 Prisen Salz und 1 EL Öl in kochendem Wasser in einer Schüssel quellen lassen.
- Während der 10 Minuten, in denen der Couscous quillt, Sellerie, Gurken und Frühlingszwiebeln 5 Sekunden / Stufe 4,5 mixen.
- Danach umfüllen, um Petersilie, Kerbel und Dill im Mixtopf 5 Sekunden / Stufe 5 zu hacken, dann die Kräuter nach unten schieben und Zitronensaft, 3 Prisen Salz, 3 Prisen Pfeffer und 5 EL Öl hinzufügen.
- Für 10 Sekunden / Stufe 4 mixen und den abgegossenen Couscous, Kräutersoße und Cranberrys unterheben.
- Nun die Cashews 5 Sekunden / Stufe 4 hacken und umfüllen, dann Harissa, Joghurt, 2 Prisen Salz und 1 Prise Pfeffer 5 Sekunden / Stufe 3 mixen.
- Den Salat mit den Cashews und dem Joghurt garnieren.

Nährwerte Pro Portion

- 415 kcal
- 40 g Kohlenhydrate
- 23 g Fett
- 8 g Protein
- 13 Punkte

Zubereitungszeit

- 30 Minuten

Apfelsalat mit Datteln

Portionen

- 4 Portionen

Zutaten

- 100 g Orangensaft
- Saft einer halben Zitrone
- 150 g Joghurt
- 5 Äpfel
- 100 g Datteln

ZUBEREITUNG

- Den Orangensaft, den Saft einer halben Zitrone, den Joghurt und die 5 geschälten und geviertelten Äpfel in den Mixtopf geben und auf Stufe 4 zerkleinern.
- 100 g Datteln entkernen und in feine Würfel schneiden.
- Diese werden nun unter den fertigen Salat gegeben.
- Alles für eine Stunde im Kühlschrank durchziehen lassen.

Nährwerte Pro Portion

- 160 kcal
- 35 g Kohlenhydrate
- 1 g Fett
- 3 g Protein
- 1 Punkt

Zubereitungszeit

- 5 Minuten (zzgl. 1 Stunde im Kühlschrank)

Shakes

Frühstücksshake

Portionen

- 2 Portionen

Zutaten

- 1 Apfel, in Stücken
- 1 Banane, in Stücken
- 1 Birne, in Stücken
- 35 g Haferflocken
- 150 g körniger Frischkäse (Hüttenkäse)
- 100 g Bananensaft, ohne Zuckerzusatz
- 2 TL Zimtzucker
- 100 g fettarme Milch (1,5 % Fett)
- 1 EL Zitronensaft, frisch gepresst

Zubereitung

- Zucker und Zimt in den Mixtopf geben.
- 15 Sekunden / Stufe 10 pulverisieren.
- Apfel, Banane, Birne und Zitronensaft hinzugeben.
- Im Mixtopf 30 Sekunden / Stufe 9 zerkleinern.
- Ablagerungen mit dem Spatel nach unten schieben.
- Haferflocken und körnigen Frischkäse dazugeben.
- 15 Sekunden / Stufe 6 cremig rühren.
- Bananensaft und Milch dazugeben.
- 1 Minute / Stufe 10 mixen.

Nährwerte Pro Portion

- 91 kcal
- 15 g Kohlenhydrate
- 2 g Fett
- 4 g Protein
- 8 Punkte

Zubereitungszeit

- 10 Minuten

Bananen-Haferflocken-Shake

Portionen
- 2 Portionen

Zutaten
- 5 Bananen (sehr reif)
- ca. 700 ml Milch
- 1 Handvoll kernige Haferflocken

Zubereitung
- Alles in den Mixtopf geben.
- 6 Sekunden / Stufe 4 mixen.

Nährwerte Pro Portion
- 492 kcal
- 86 g Kohlenhydrate
- 9 g Fett
- 20 g Protein
- 9 Punkte

Zubereitungszeit
- 5 Minuten

Brombeer-Buttermilch-Shake

Portionen

- 4 Portionen

Zutaten

- 300 g TK-Brombeeren
- 30 g Vanillezucker
- 20 g Zitronensaft
- 40 g Holunderblütensirup
- 500 g Buttermilch

Zubereitung

- Den Mixtopf verwenden, um alle Zutaten 30 Sekunden / Stufe 10 cremig zu pürieren.
- Dann durch ein Sieb streichen und kalt genießen.

Nährwerte Pro Portion

- 140 kcal
- 24 g Kohlenhydrate
- 1 g Fett
- 5 g Protein
- 6 Punkte

Zubereitungszeit

- 5 Minuten

Erdbeershake

Portionen

- 6 Portionen

Zutaten

- 300 g Erdbeeren
- 300 g Vanilleeis, in Stücken
- 4 Eiswürfel (optional)
- 30 g Zucker
- 370 g Milch

Zubereitung

- Den Mixtopf verwenden, um alle Zutaten 1 Minute / Stufe 7 cremig zu pürieren, kalt genießen.

Nährwerte Pro Portion

- 219 kcal
- 21 g Kohlenhydrate
- 13 g Fett
- 5 g Protein
- 8 Punkte

Zubereitungszeit

- 5 Minuten

Papaya-Grünkohl-Smoothie

Portionen

- 4 Portionen

Zutaten

- 75 g Grünkohl (zarte, junge Blätter) oder 75 g junge Salatblätter der Saison, gemischt (z. B. Grünkohl, Spinat und Winterkresse)
- 250 g Papayas, in Stücken
- 2 EL Zitronensaft
- 1 EL Honig
- 500 g Kokoswasser, alternativ Wasser oder Molke
- 1 EL Öl (z. B. Korianderöl)

Zubereitung

- Den Mixtopf verwenden, um alle Zutaten 30 Sekunden / Stufe 10 cremig zu pürieren, kalt genießen.

Nährwerte Pro Portion

- 78 kcal
- 10 g Kohlenhydrate
- 3 g Fett
- 1 g Protein
- 2 Punkte

Zubereitungszeit

- 5 Minuten

Buttermilch-Radieschen-Shake

Portionen

- 2 Portionen

Zutaten

- 100 g Radieschen
- 1 Packung Gartenkresse
- 500 g Buttermilch
- ½ TL Salz
- ¼ TL bunter Pfeffer

Zubereitung

- Zuerst den Mixtopf verwenden, um die geputzten Radieschen 5 Sekunden / Stufe 4,5 zu hacken.
- Dann nach unten schieben, die Kresse, Buttermilch, Salz und Pfeffer hinzugeben und alles 20 Sekunden / Linkslauf / Stufe 4 mixen.

Nährwerte Pro Portion

- 110 kcal
- 12 g Kohlenhydrate
- 1 g Fett
- 10 g Protein
- 4 Punkte

Zubereitungszeit

- 5 Minuten

Rote-Beete-Ananas-Smoothie

Portionen

- 4 Portionen

Zutaten

- 400 g Ananas, frisch, in Stücken
- 15 g Ingwer, frisch, in dünnen Scheiben
- 1 EL Rapsöl oder Sonnenblumenöl
- 500 g Rote-Beete-Saft
- 1 EL Zitronensaft

Zubereitung

- Den Mixtopf verwenden, um alle Zutaten 30 Sekunden / Stufe 10 cremig zu mixen.

Nährwerte Pro Portion

- 132 kcal
- 23 g Kohlenhydrate
- 3 g Fett
- 2 g Protein
- 4 Punkte

Zubereitungszeit

- 10 Minuten

Blaubeershake

Portionen

- 2 Portionen

Zutaten

- 350 ml Milch
- 50 g Joghurt (Natur)
- 1 EL Rohrzucker
- 2 Handvoll Blaubeeren
- Eiswürfel zerkleinert (nach Belieben)

Zubereitung

- Den Mixtopf verwenden, um alle Zutaten auf Stufe 10 zu mixen, bis eine cremige Konsistenz erreicht ist.

Nährwerte Pro Portion

- 129 kcal
- 20 g Kohlenhydrate
- 1 g Fett
- 8 g Protein
- 6 Punkte

Zubereitungszeit

- 5 Minuten

Mangosmoothie

Portionen

- 4 Portionen

Zutaten

- 1 TL Kokosöl
- 1 TL Kurkuma
- 250 g Mangos, in Stücken
- 1 Banane (100 g), in Stücken
- 2 EL Limettensaft
- 400 g Orangensaft, frisch gepresst
- 150 g Möhrensaft

Zubereitung

- Den Mixtopf verwenden, um Kokosöl und Kurkuma 30 Sekunden / 50 °C / Rührstufe verschmelzen lassen.
- Nun die restlichen zutaten hinzufügen und alles 30 Sekunden / Stufe 10 cremig mixen.

Nährwerte Pro Portion

- 135 kcal
- 25 g Kohlenhydrate
- 2 g Fett
- 2 g Protein
- 4 Punkte

Zubereitungszeit

- 5 Minuten

Matcha-Heidelbeer-Shake

Portionen

- 1 Portion

Zutaten

- 125 g Heidelbeeren
- 40 g Haferflocken (glutenfrei)
- 20 gestr. TL Kokosflocken
- ½ TL Matcha
- 1 EL Baobab-Pulver (optional)
- 400 ml Pflanzenmilch

Zubereitung

- Den Mixtopf verwenden, um alle Zutaten 45 Sekunden / Stufe 10 zu mixen, bis eine cremige Konsistenz erreicht ist.

Nährwerte Pro Portion

- 453 kcal
- 67 g Kohlenhydrate
- 16 g Fett
- 7 g Protein
- 12 Punkte

Zubereitungszeit

- 5 Minuten

Grünkohl-Avocado-Smoothie

Portionen

- 4 Portionen

Zutaten

- 50 g Grünkohl, küchenfertig
- 75 g Avocado, in Stücken
- 2 Stangen Staudensellerie, entfädelt, in 2 cm großen Stücken
- 250 g Molke (pur), gut gekühlt
- 1 EL Zitronensaft
- ½ TL Fleur de Sel
- ½ TL Chiliflocken
- 100 g stilles Mineralwasser, eiskalt

Zubereitung

- Den Mixtopf verwenden, um alle Zutaten 50 Sekunden / Stufe 6–10 (ansteigend) zu mixen, bis eine cremige Konsistenz erreicht ist.

Nährwerte Pro Portion

- 56 kcal
- 4 g Kohlenhydrate
- 3 g Fett
- 2 g Protein
- 2 Punkte

Zubereitungszeit

- 10 Minuten

Strawberry-Cheesecake-Smoothie

Portionen

- 2 Portionen

Zutaten

- 50 g TK-Erdbeeren
- 1 Ei
- 80 g Magerquark
- 1 kleine Banane
- 2–3 EL Agavendicksaft
- 1 EL weißes Mandelmus
- 100 g Mandelmilch
- Mark einer halben Vanilleschote

Zubereitung

- Den Mixtopf verwenden, um alle Zutaten 30 Sekunden / Stufe 10 zu mixen, bis eine cremige Konsistenz erreicht ist.

Nährwerte Pro Portion

- 173 kcal
- 16 g Kohlenhydrate
- 7 g Fett
- 11 g Protein
- 5 Punkte

Zubereitungszeit

- 5 Minuten

Waldbeersmoothie

Portionen

- 4 Portionen

Zutaten

- 300 g TK-Beerenmischung
- 100 g Bananen
- 30 g Honig
- 500 g Orangensaft

Zubereitung

- Den Mixtopf verwenden, um alle Zutaten 30 Sekunden / Stufe 10 zu mixen, bis eine cremige Konsistenz erreicht ist.

Nährwerte Pro Portion

- 133 kcal
- 27 g Kohlenhydrate
- 0 g Fett
- 2 g Protein
- 4 Punkte

Zubereitungszeit

- 5 Minuten

Dips

Avocado-Hummus

Portionen

- 1 Portion

Zutaten

- ½ Dose Kichererbsen (120 g)
- 1 Avocado
- 1 TL Tahin
- ½ Knoblauchzehe
- ½ gestr. TL Koriander
- Chili, Salz, Pfeffer und Zucker nach Geschmack
- Saft einer halben Limette

Zubereitung

- Kichererbsen abtropfen und einwiegen.
- Avocado halbieren und dazugeben.
- Die restlichen Zutaten hinzugeben, 1 Minute / Stufe 10 mixen und nach unten schieben.
- Erneut 1 Minute / Stufe 10 mixen.

Nährwerte Pro Portion

- 608 kcal
- 63 g Kohlenhydrate
- 25 g Fett
- 25 g Protein
- 8 Punkte

Zubereitungszeit

- 10 Minuten

Brokkomole – Guacamole aus Brokkoli

Portionen

- 1 Portion

Zutaten

- 200 g Brokkoli, gedünstet
- 1½ EL Zitronensaft oder Apfelessig
- 1 Messerspitze Kreuzkümmel
- ¼ TL Knoblauchpulver
- Chili- oder Paprikapulver nach Geschmack
- ½–1 EL Zwiebelwürfel
- 1 Tomate, gewürfelt
- ½ TL Kräutersalz

Zubereitung

- Alle Zutaten bis auf die Tomatenwürfel in den Mixtopf geben.
- 5 Sekunden / Stufe 8 zerkleinern.
- Tomatenwürfel hinzugeben und 5 Sekunden / Linkslauf / Stufe 3 unterrühren.

Nährwerte Pro Portion

- 106 kcal
- 13 g Kohlenhydrate
- 1 g Fett
- 8 g Protein
- 0 Punkte

Zubereitungszeit

- 5 Minuten

Weiße-Bohnen-Dip

Portionen

- 4 Portionen

Zutaten

- 2 Stängel frischer Rosmarin
- 2 Knoblauchzehen
- 50 g Olivenöl
- 2 Dosen weiße Bohnen (à 425 g EW)
- 1 TL Salz
- 2 Prisen Pfeffer
- 100 g Gemüsefond
- 1 TL abgeriebene Zitronenschale
- 1 Prise Cayennepfeffer
- 40 g Crème fraîche

Zubereitung

- Zuerst den Mixtopf verwenden, um Knoblauch und Rosmarin 5 Minuten / Stufe 6 zu hacken.
- Danach nach unten schieben und mit 30 g Öl 3 Minuten / Varoma / Stufe 1 ohne Messbecher dünsten.
- Nun die Bohnen hinzugeben und gemeinsam 3 Minuten / Varoma / Linkslauf / Rührstufe garen.
- Schließlich den Gemüsefond, Salz und Pfeffer dazugeben und alles weitere 4 Minuten / Varoma / Linkslauf / Rührstufe garen.
- Dann Zitronenschale und Cayennepfeffer hinzufügen, um alles 20 Sekunden / Stufe 7 zu mixen.
- Mit Crème fraîche und 20 g Öl garnieren und servieren.

Nährwerte Pro Portion

- 299 kcal
- 23 g Kohlenhydrate
- 16 g Fett
- 12 g Protein
- 5 Punkte

Zubereitungszeit

- 20 Minuten

Zucchini-Aufstrich

Portionen

- 4 Portionen

Zutaten

- 15 g Pinienkerne
- 50 g Cashewkerne
- 1 Knoblauchzehe
- 220 g Zucchini, in groben Stücken
- 40 g Olivenöl
- 3 TL ZauberPrise für Gemüse

Zubereitung

- Zunächst die Cashew- und Pinienkerne ohne Öl in der Pfanne braten und zusammen mit Knoblauch, Zucchini, Öl und Gewürzen 10 Sekunden / Stufe 6 in den Mixtopf geben.
- Nach unten schieben und 10 Sekunden / Stufe 5 cremig pürieren.

Nährwerte Pro Portion

- 56 kcal
- 5 g Kohlenhydrate
- 3 g Fett
- 5 g Protein
- 5 Punkte

Zubereitungszeit

- 5 Minuten

Veganer Pesto-Aufstrich

Portionen

- 6 Portionen

Zutaten

- 180 g Sonnenblumenkerne
- 50 g Mandeln
- 100 g Feldsalat
- 140 g natives Olivenöl extra
- ½ TL Salz
- 4 Prisen schwarzer Pfeffer, frisch gemahlen
- 2 Prisen Chilipulver
- Olivenöl zum Bedecken nach Bedarf

Zubereitung

- Zuerst die Mandeln und Sonnenblumenkerne ohne Öl in der Pfanne braten und danach in den Mixtopf geben.
- Dann Salat, Öl, Salz, Pfeffer und Chili hinzufügen, alles 7 Sekunden / Stufe 10 mixen und nach unten schieben, dann erneut 5 Sekunden / Stufe 10 zu mixen.
- Zum Schluss mit den Gewürzen abschmecken und für eine verlängerte Haltbarkeit in einem sterilen Behälter mit Öl bedeckt lagern.

Nährwerte Pro Portion

- 450 kcal
- 4 g Kohlenhydrate
- 43 g Fett
- 9 g Protein
- 13 Punkte

Zubereitungszeit

- 10 Minuten

Grober Senf

Portionen

- 1 Glas (250 g)

Zutaten

- 100 g Senfkörner, gelb
- 200 g Wasser
- 50 g Apfelsaft
- 30 g Apfelessig
- 20 g Honig
- ½ TL Kurkuma
- 1½ TL Salz, ggf. mehr nach Geschmack

Zubereitung

- Die Senfkörner 2 Tage lang mit Wasser bedeckt im Kühlschrank einweichen lassen.
- Abgießen und zusammen mit den restlichen Zutaten in den Mixtopf geben.
- Dreimal 5 Sekunden / Stufe 10 mixen, zwischendurch mit dem Spatel nach unten schieben.
- Mit Salz abschmecken und ein einem sterilen Glas im Kühlschrank lagern, die Haltbarkeit beträgt 4–6 Wochen.

Nährwerte Pro Portion (25 g)

- 58 kcal
- 5 g Kohlenhydrate
- 3 g Fett
- 2 g Protein
- 0 Punkte

Zubereitungszeit

- 10 Minuten (zzgl. 2 Tage Einweichzeit)

Nussbutter aus Nüssen nach Wahl

Portionen

- 17 Portionen (500 g)

Zutaten

- 400 g Mandelkerne (alternativ Erdnusskerne, Haselnusskerne)
- 20 g Honig
- ¼ TL grobes Meersalz
- 20 g Pflanzenöl oder Nussöl

Zubereitung

- Zuerst die gewünschten Nüsse 20 Sekunden / Stufe 8 zerkleinern, nach unten schieben, erneut zerkleinern und gemeinsam mit Öl, Salz und Honig 3 Minuten / Stufe 4 mixen.
- Nun so oft wiederholen, bis eine streichbare Konsistenz erreicht ist, und zwischendurch Pausen einlegen, um ein Überhitzen zu vermeiden.
- In sterilen Gläsern ist das Mus 4 Wochen im Kühlschrank haltbar.

Nährwerte Pro Portion (30 g)

- 191 kcal
- 5 g Kohlenhydrate
- 17 g Fett
- 7 g Protein
- 5 Punkte

Zubereitungszeit

- 15 Minuten

Nachspeisen

Grießbrei

Portionen

- 6 Portionen

Zutaten

- 50 g Vollmilchschokolade (mit ganzen Haselnüssen), in Stücken
- 400 g Kokosmilch
- 200 g Milch
- 60 g Zucker
- 60 g Weichweizengrieß
- ½ Vanilleschote, ausgekratzt
- 1 Prise Salz

Zubereitung

- Zuerst die Schokolade 3 Sekunden / Stufe 7 zerkleinern und umfüllen.
- Die restlichen Zutaten 3 Sekunden / Stufe 4 verrühren.
- Danach 8 Minuten / 100 °C / Stufe 2 kochen und mit der Schokolade garniert servieren.

Nährwerte Pro Portion

- 389 kcal
- 35 g Kohlenhydrate
- 24 g Fett
- 7 g Protein
- 13 Punkte

Zubereitungszeit

- 15 Minuten

Wassermeloneneis

Portionen

- 4 Portionen

Zutaten

- 500 ml Milch, gefroren
- 400 g Wassermelone, gefroren
- 100 g brauner Zucker

Zubereitung

- Wassermelone, Milch und Zucker 20 Sekunden / Stufe 6–7 pürieren und ggf. zwischendurch mit dem Spatel nach unten schieben.
- Je nach Wunsch sofort servieren oder einfrieren.

Nährwerte Pro Portion

- 199 kcal
- 39 g Kohlenhydrate
- 2 g Fett
- 5 g Protein
- 9 Punkte

Zubereitungszeit

- 5 Minuten

Panna cotta mit Beeren

Portionen
- 5 Portionen

Zutaten

- ½ Vanilleschote
- ½ TL Zimt
- 300 g Sahne
- 300 g Milch
- 50 g Zucker
- 4 Blätter Gelatine, weiße
- 250 g Blaubeeren
- 2 TL Puderzucker
- 2 EL Zitronensaft
- Zimt zum Bestreuen

Zubereitung

- Das Mark aus der Vanilleschote kratzen.
- Vanillemark, Schote, Milch, Sahne, Zimt und Zucker in den Mixtopf geben, dann anstatt des Messbechers den Gareinsatz auf den Mixtopf stellen und alles 10 Minuten / 100 °C / Stufe 2 kochen.
- Die Masse 10 Minuten abkühlen lassen.
- Unterdessen die Gelatine nach Packungsanweisung in Wasser einweichen lassen, dann die Schote aus der Mischung nehmen und diese mit der fertigen Gelatine 10 Sekunden / Stufe 3 vermischen.
- Die Creme in Förmchen füllen und über Nacht kalt stellen.
- Vor dem Servieren die Beeren 5 Minuten in Zitronensaft und Zucker ziehen lassen und gemeinsam mit Zimt zum Garnieren verwenden.

Nährwerte Pro Portion

- 397 kcal
- 25 g Kohlenhydrate
- 27 g Fett
- 6 g Protein
- 13 Punkte

Zubereitungszeit

- 30 Minuten (zzgl. 1 Nacht im Kühlschrank)

Schokoladeneis ohne Zucker

Portionen

- 1 Portion

Zutaten

- 300 Gramm gefrorene Bananen (ca. 3 Stück), in Scheiben
- 1½–2 EL Kakaopulver oder Backkakao
- 2 EL griechischer Joghurt (am besten stichfest) oder Sojajoghurt
- Optional Zucker, Xucker oder Agavendicksaft

Zubereitung

- Bananenscheiben, Kakao und ggf. Süßmittel nach Wahl 4 Sekunden / Stufe 8 pürieren, nach unten schieben und den Joghurt dazugeben, um alles erneut 3 Sekunden / Stufe 8 zu mixen.
- Wenn das Eis nicht sofort gegessen wird, für eine weitere halbe Stunde einfrieren.

Nährwerte Pro Portion

- 330 kcal
- 67 g Kohlenhydrate
- 3 g Fett
- 7 g Protein
- 3 Punkte

Zubereitungszeit

- 5 Minuten

Erdbeer-Bananen-Eis

Portionen

- 1 Portion

Zutaten

- 1 gefrorene Banane
- 150 g gefrorene Erdbeeren
- 30 ml Milch

Zubereitung

- Zuerst Banane und Erdbeeren in den Mixtopf geben.
- Dann 20 Sekunden / Stufe 10 zerkleinern und nach unten schieben.
- Milch hinzugeben und den Schmetterling aufsetzen.
- Zum Schluss alles 1 Minute / Stufe 4 cremig rühren.

Nährwerte Pro Portion

- 189 kcal
- 40 g Kohlenhydrate
- 1 g Fett
- 4 g Protein
- 1 Punkte

Zubereitungszeit

- 5 Minuten

Fruchteis

Portionen

- 8 Portionen

Zutaten

- 400 g gefrorene Früchte (z. B. Himbeeren oder Erdbeeren)
- 2 frische Eiweiß
- 100 g Milch (1,5 %)
- 2 TL Süßstoff (flüssig)

Zubereitung

- Zuerst Beeren in den Mixtopf geben und 20 Sekunden / Stufe 10 zerkleinern.
- Dann Eiweiß, Milch und Süßstoff dazugeben und 10 Sekunden / Stufe 6 verrühren.
- Mit dem Spatel das Eis etwas zur Seite schieben und den Rühraufsatz einsetzen.
- Nun 2 Minuten / Stufe 4 cremig aufschlagen und sofort servieren.

Nährwerte Pro Portion

- 27 kcal
- 4 g Kohlenhydrate
- 0 g Fett
- 2 g Protein
- 0 Punkte

Zubereitungszeit

- 5 Minuten

Himbeer-Kokos-Eis

Portionen

- 4 Portionen

Zutaten

- 20 g Kokosraspel
- 60 g Zucker
- 500 g TK-Himbeeren
- 200 g Kokosmilch
- 50 g Sahne
- 20 g Zitronensaft
- 100 g frische Himbeeren, zum Garnieren

Zubereitung

- Zunächst die Kokosraspel ohne Öl in der Pfanne anbraten und abkühlen lassen.
- Unterdessen den Zucker im Mixtopf 10 Sekunden / Stufe 10 pulverisieren und nach unten schieben.
- Himbeeren dazugeben, erneut 10 Sekunden / Stufe 8 mixen und nach unten schieben.
- Nun die restlichen Zutaten 30 Sekunden / Stufe 4 cremig mixen und mit Himbeeren und Kokosraspeln garnieren.

Nährwerte Pro Portion

- 278 kcal
- 23 g Kohlenhydrate
- 16 g Fett
- 3 g Protein
- 12 Punkte

Zubereitungszeit

- 10 Minuten

Anis-Birnen

Portionen
- 8 Portionen

Zutaten

- 120 g Milch
- 120 g Sahne
- 15 g Honig
- 1 EL Vanillezucker (selbst gemacht)
- 100 g Zartbitterschokolade, in Stücken
- 4 Birnen
- 20 g Zitronensaft
- 8 Sternanis
- 700 g Wasser
- 4 Kugeln Vanilleeis

Zubereitung

- Zuerst den Mixtopf nehmen und Milch, Sahne, Vanillezucker und Honig 5 Minuten / 100 °C / Stufe 2 kochen.
- Die Schokolade dazugeben, 2 Minuten / 40 °C / Stufe 4 mixen, umfüllen und den Mixtopf säubern.
- Dann Birnen schälen und mit dem Stiel halbieren. Nun das Kerngehäuse ausstechen und die Birnen mit Zitronensaft bepinseln.
- Danach jeweils einen Sternanis statt des Gehäuses in die Mitte der Birnen stecken und diese mit dem Anis nach oben auf Varoma und Einlegeboden verteilen. Den Boden in den Varoma geben und diesen verschließen.
- Mixtopf mit Wasser füllen und den Varoma aufsetzen, um die Birnen 15–20 Minuten / Varoma / Stufe 1 im Varoma zu dünsten.
- Zum Schluss die Birnen mit den Eiskugeln und der Soße garniert servieren.

Nährwerte Pro Portion

- 217 kcal
- 25 g Kohlenhydrate
- 11 g Fett
- 3 g Protein
- 11 Punkte

Zubereitungszeit

- 35 Minuten

CPSIA information can be obtained
at www.ICGtesting.com
Printed in the USA
BVHW011318240720
584428BV00021B/108